大方廣佛華嚴經 讀誦

59

일러두기

1. 『독송본 한문·한글역 대방광불화엄경』은 실차난타가 한역(695~699)한 80권 『대방광불화엄경』의 한문 원문과 한글역을 함께 수록한 것이다. 한문에는 음사와 현토를 부기하였다.

2. 원문의 저본은 고종 2년(1865) 월정사에서 인경한 고려대장경 『대방광불화엄경』에 한암 스님이 현토(1949년)한 것을 범룡 스님이 영인 출판(1990년)한 『대방광불화엄경』이다.

3. 한문은 저본에서 누락되었거나 글자가 다르다고 판단된 부분은 저본인 고려대장경 각권의 말미에 교감되어 있는 내용을 중심으로 하고 봉은사판 『대방광불화엄경수소연의초』와 신수대장경 각주에서 밝힌 교감본을 참조하여 보입하고 수정하였다.

4. 한글 번역은 동국역경원에서 발간한 한글 『대방광불화엄경』(운허)을 중심으로 하고 『신화엄경합론』(탄허)과 『대방광불화엄경 강설』(여천무비) 그리고 최근의 여타 번역본 등을 참조하였다.

5. 저본의 원문에서 이체자의 경우 흔글이 제공하는 이체자는 그대로 살리고 흔글이 제공하지 않는 글자는 통용되는 정자로 바꾸었다. 예) 間 → 開 / 焰 → 燄 / 宫 → 宮 / 偁 → 稱

6. 한글 번역은 독송과 사경을 위하여 정확성과 아울러 가독성을 고려하였다. 극존칭은 부처님과 불경계에 대해서만 사용하였다.

7. 독송본의 차례는 일러두기 → 본문 → 화엄경 목차 → 간행사의 순차이다.
   (법공양판에는 간행사 다음에 간행불사 동참자를 밝혀 두었다.)

8. 독송본의 한글역은 사경의 편의를 도모하기 위해 그 편집을 달리하여 『사경본 한글역 대방광불화엄경』으로 함께 간행한다. 독송본과 사경본 모두 80권 『대방광불화엄경』의 권별 목차 순으로 간행한다.

독송본 한문 · 한글역

대방광불화엄경 제59권
大方廣佛華嚴經 卷第五十九

38. 이세간품 [7]

離世間品 第三十八之七

실차난타 한역
수미해주 한글역

대방광불화엄경 제59권 변상도

대방광불화엄경
제59권

38. 이세간품 [7]

대방광불화엄경 권제오십구
大方廣佛華嚴經 卷第五十九

이세간품 제삼십팔지칠
離世間品 第三十八之七

불자 보살마하살 시현처태 유십종
佛子야 **菩薩摩訶薩**이 **示現處胎**에 **有十種**

사
事하나니라

하등 위십
何等이 **爲十**고

불자 보살마하살 위욕성취소심열해제중
佛子야 **菩薩摩訶薩**이 **爲欲成就小心劣解諸衆**

대방광불화엄경 제59권

38. 이세간품 [7]

"불자들이여, 보살마하살이 태에 머무름을 나타내 보임에 열 가지 일이 있다.

무엇이 열인가?

불자들이여, 보살마하살이 마음이 작고 이해가 용렬한 모든 중생들을 성취시키려 하기 위한 까닭으로 그들로 하여금 '지금 이 보살은

생고　　불욕영피　　기여시념　　　금차보살　　자
生故로 不欲令彼로 起如是念호대 今此菩薩이 自

연화생　　　지혜선근　　부종수득　　　시고보
然化生이라 智慧善根이 不從修得일새 是故菩

살　　시현처태　　시위제일사
薩이 示現處胎가 是爲第一事요

보살마하살　　위성숙부모　　급제권속　　숙세
菩薩摩訶薩이 爲成熟父母와 及諸眷屬과 宿世

동행　　중생선근　　　시현처태　　　하이고
同行과 衆生善根하야 示現處胎하나니 何以故오

피개응이견어처태　　　성숙소유제선근고
彼皆應以見於處胎하야 成熟所有諸善根故가

시위제이사
是爲第二事요

보살마하살　　입모태시　　정념정지　　　무유
菩薩摩訶薩이 入母胎時에 正念正知하야 無有

저절로 화생하였으며 지혜와 선근이 닦아서 얻은 것이 아니다'라는, 이와 같은 생각을 내지 않게 하려는 것이다. 그러므로 보살이 태에 머무름을 나타내 보인다. 이것이 첫째 일이다.

보살마하살이 부모와 모든 권속들과 지난 세상에서 함께 수행했던 중생들의 선근을 성숙하게 하기 위하여 태에 머무름을 나타내 보인다. 왜냐하면 그들이 모두 마땅히 태에 머무름을 보아서 가진 모든 선근을 성숙시키는 까닭이다. 이것이 둘째 일이다.

보살마하살이 모태에 들 때에 바르게 생각하고 바르게 알아서 미혹이 없으며, 모태에 머무

미혹　　　　주모태이　　　심항정념　　　　역무착란
迷惑하며 住母胎已에 心恒正念하야 亦無錯亂이

시위제삼사
是爲第三事요

보살마하살　　　재모태중　　　상연설법　　　시방
菩薩摩訶薩이 在母胎中하야 常演說法에 十方

세계제대보살　　석범사왕　　　개래집회　　　　실
世界諸大菩薩과 釋梵四王이 皆來集會어든 悉

령획득무량신력　　　무변지혜　　　　보살　　처
令獲得無量神力과 無邊智慧하나니 菩薩이 處

태　　　성취여시변재승용　　시위제사사
胎하야 成就如是辯才勝用이 是爲第四事요

보살마하살　　　재모태중　　　집대중회　　　이본
菩薩摩訶薩이 在母胎中에 集大衆會하야 以本

원력　　　교화일체제보살중　　시위제오사
願力으로 敎化一切諸菩薩衆이 是爲第五事요

르고는 마음이 항상 바르게 생각하고 또한 잘못됨이 없다. 이것이 셋째 일이다.

　보살마하살이 모태 중에 있으면서 항상 법을 연설함에 시방세계의 모든 큰 보살들과 제석과 범천과 사천왕들이 다 모여 와서 모두 한량없는 위신력과 가없는 지혜를 얻게 한다. 보살이 태에 머물러서 이와 같은 변재와 수승한 작용을 성취한다. 이것이 넷째 일이다.

　보살마하살이 모태 중에 있으면서 큰 대중 모임을 모아서 본래의 원력으로 일체 모든 보살 대중들을 교화한다. 이것이 다섯째 일이다.

　　　　　보살마하살　　　어인중성불　　　응구인간최승
　　　　　菩薩摩訶薩이 於人中成佛에 應具人間最勝

　　　　　수생　　이차시현처어모태　　　시위제육사
　　　　　受生이니 以此示現處於母胎가 是爲第六事요

　　　　　보살마하살　　　재모태중　　　삼천대천세계중
　　　　　菩薩摩訶薩이 在母胎中에 三千大千世界衆

　　　　　생　　실견보살　　　여명경중　　　견기면상
　　　　　生이 悉見菩薩호대 如明鏡中에 見其面像하나니

　　　　　이시　　대심천룡야차건달바아수라가루라
　　　　　爾時에 大心天龍夜叉乾闥婆阿脩羅迦樓羅

　　　　　긴나라마후라가인비인등　　　개예보살　　　공
　　　　　緊那羅摩睺羅伽人非人等이 皆詣菩薩하야 恭

　　　　　경공양　　시위제칠사
　　　　　敬供養이 是爲第七事요

　　　　　보살마하살　　　재모태중　　　타방세계일체최
　　　　　菩薩摩訶薩이 在母胎中에 他方世界一切最

보살마하살이 인간 중에서 성불함에 마땅히 인간에 가장 수승하게 태어남을 갖추어야 하니, 이로써 모태에 머무름을 나타내 보인다. 이것이 여섯째 일이다.

보살마하살이 모태 중에 있음에 삼천대천세계 중생들이 모두 보살 보기를 밝은 거울 가운데 그 얼굴을 보는 것과 같이 한다. 이때에 큰마음 가진 천신과 용과 야차와 건달바와 아수라와 가루라와 긴나라와 마후라가와 사람과 사람 아닌 이들이 모두 보살에게 나아가 공경하고 공양올린다. 이것이 일곱째 일이다.

보살마하살이 모태 중에 있음에 타방 세계에

후생보살　　　재모태자　　　개래공회　　　설대집
後生菩薩이 在母胎者가 皆來共會하야 說大集

법문　　　　명광대지혜장　　　시위제팔사
法門하나니 名廣大智慧藏이니 是爲第八事요

보살마하살　　　재모태시　　　입이구장삼매
菩薩摩訶薩이 在母胎時에 入離垢藏三昧하야

이삼매력　　　어모태중　　　현대궁전　　　종종
以三昧力으로 於母胎中에 現大宮殿호대 種種

엄식　　실개묘호　　　도솔천궁　　　불가위비
嚴飾이 悉皆妙好하야 兜率天宮으로 不可爲比나

이령모신　　　안은무환　　　시위제구사
而令母身으로 安隱無患이 是爲第九事요

보살마하살　　　주모태시　　　이대위력　　　흥공
菩薩摩訶薩이 住母胎時에 以大威力으로 興供

양구　　　명개대복덕이구장　　　보변시방일
養具하나니 名開大福德離垢藏이라 普徧十方一

서 일체 가장 마지막 생의 보살로서 모태에 있는 자들이 다 와서 함께 모여 크게 모은 법문을 설하니, 이름이 '넓고 큰 지혜 창고'이다. 이것이 여덟째 일이다.

보살마하살이 모태에 있을 때에 더러움을 여읜 창고 삼매에 들어서 삼매의 힘으로 모태 중에서 큰 궁전을 나타내되 갖가지로 장엄하게 꾸민 것이 모두 다 미묘하고 아름다워 도솔천 궁전으로는 비교할 수 없으나, 어머니의 몸은 편안하고 근심이 없게 한다. 이것이 아홉째 일이다.

보살마하살이 모태에 머무를 때에 큰 위신력

체세계　　　공양일체제불여래　　　피제여래
切世界하야 供養一切諸佛如來어든 彼諸如來가

함위연설무변보살주처법계장　　 시위제십
咸爲演說無邊菩薩住處法界藏이 是爲第十

사
事니라

불자　 시위보살마하살　　 시현처태십종사
佛子야 是爲菩薩摩訶薩의 示現處胎十種事니

약 제보살　　 요달차법　　 즉능시현심미세
若諸菩薩이 了達此法하면 則能示現甚微細

취
趣니라

불자　 보살마하살　　유십종심미세취
佛子야 菩薩摩訶薩이 有十種甚微細趣하니라

으로 공양거리를 일으키니, 이름이 '큰 복덕을 여는 더러움을 여읜 창고'이다. 시방의 일체 세계에 널리 두루하여 일체 모든 부처님 여래께 공양올리는데, 그 모든 여래께서 다 가없는 보살들의 머무르는 처소인 법계장을 연설하신다. 이것이 열째 일이다.

불자들이여, 이것이 보살마하살이 태에 머무름을 나타내 보이는 열 가지 일이다. 만약 모든 보살들이 이 법을 분명히 알면 곧 능히 매우 미세한 갈래를 나타내 보인다.

불자들이여, 보살마하살이 열 가지 매우 미

하등　위십
何等이 爲十고

소위재모태중　　시현초발보리심　　내지관
所謂在母胎中하야 示現初發菩提心과 乃至灌

정지　　재모태중　　시현주도솔천　　재모
頂地하며 在母胎中하야 示現住兜率天하며 在母

태중　　시현초생　　재모태중　　시현동자
胎中하야 示現初生하며 在母胎中하야 示現童子

지
地하니라

재모태중　　시현처왕궁　　재모태중　　시
在母胎中하야 示現處王宮하며 在母胎中하야 示

현출가　　재모태중　　시현고행　　왕예도
現出家하며 在母胎中하야 示現苦行과 往詣道

량　　성등정각　　재모태중　　시현전법
場하야 成等正覺하며 在母胎中하야 示現轉法

세한 갈래가 있다.

무엇이 열인가?

이른바 모태 중에 있으면서 처음 보리심을 냄과 내지 관정하는 지위를 나타내 보이며, 모태 중에 있으면서 도솔천에 머무름을 나타내 보이며, 모태 중에 있으면서 처음 탄생함을 나타내 보이며, 모태 중에 있으면서 동자의 지위를 나타내 보인다.

모태 중에 있으면서 왕궁에 머무름을 나타내 보이며, 모태 중에 있으면서 출가함을 나타내 보이며, 모태 중에 있으면서 고행과 도량에 나아가 등정각 이룸을 나타내 보이며,

륜
輪하니라

재모태중 시현반열반 재모태중 시
在母胎中하야 示現般涅槃하며 在母胎中하야 示

현대미세 위일체보살행 일체여래자
現大微細하나니 謂一切菩薩行과 一切如來自

재신력 무량차별문
在神力의 無量差別門이니라

불자 시위보살마하살 재모태중십종미
佛子야 是爲菩薩摩訶薩의 在母胎中十種微

세취
細趣니라

약제보살 안주차법 즉득여래무상대지
若諸菩薩이 安住此法하면 則得如來無上大智

혜미세취
慧微細趣니라

모태 중에 있으면서 법륜 굴림을 나타내 보인다.

　모태 중에 있으면서 열반에 듦을 나타내 보이며, 모태 중에 있으면서 크게 미세함을 나타내 보인다. 말하자면 일체 보살행과 일체 여래의 자재한 위신력의 한량없는 차별문이다.

　불자들이여, 이것이 보살마하살의 모태 중에 있는 열 가지 미세한 갈래이다.

　만약 모든 보살들이 이 법에 편안히 머무르면 곧 여래의 위없는 큰 지혜의 미세한 갈래를 얻는다.

불자 보살마하살 유십종생
佛子야 **菩薩摩訶薩**이 **有十種生**하니라

하등 위십
何等이 **爲十**고

소위원리우치 정념정지생 방대광명
所謂遠離愚癡하야 **正念正知生**과 **放大光明**

망 보조삼천대천세계생 주최후유
網하야 **普照三千大千世界生**과 **住最後有**하야

갱불수후신생
更不受後身生이니라

불생불기생 지삼계여환생 어시방세계
不生不起生과 **知三界如幻生**과 **於十方世界**에

보현신생 증일체지지신생
普現身生과 **證一切智智身生**이니라

방일체불광명 보각오일체중생신생 입
放一切佛光明하야 **普覺悟一切衆生身生**과 **入**

불자들이여, 보살마하살이 열 가지 태어남이 있다.

무엇이 열인가?

이른바 어리석음을 멀리 여의고 바르게 생각하고 바르게 아는 태어남과, 큰 광명 그물을 놓아 널리 삼천대천세계를 비추는 태어남과, 최후의 존재에 머물러 다시 후신을 받지 않는 태어남이다.

나지도 않고 일어나지도 않는 태어남과, 삼계가 환과 같음을 아는 태어남과, 시방세계에 널리 몸을 나타내는 태어남과, 일체지의 지혜 몸을 증득하는 태어남이다.

대지관찰삼매신생
大智觀察三昧身生이니라

불자 보살 생시 진동일체불찰 해탈
佛子야 **菩薩**이 **生時**에 **震動一切佛刹**하며 **解脫**

일체중생   제멸일체악도   영폐일체제
一切衆生하며 **除滅一切惡道**하며 **映蔽一切諸**

마   무량보살   개래집회
魔하며 **無量菩薩**이 **皆來集會**하나니라

불자 시위보살마하살 십종생 위조복
佛子야 **是爲菩薩摩訶薩**의 **十種生**이니 **爲調伏**

중생고   여시시현
衆生故로 **如是示現**이니라

일체 부처님의 광명을 놓아 일체 중생신을 널리 깨우치는 태어남과, 큰 지혜로 관찰하는 삼매의 몸에 들어가는 태어남이다.

불자들이여, 보살이 태어날 때에 일체 부처님 세계를 진동시키며, 일체 중생을 해탈시키며, 일체 악도를 멸하여 없애며, 일체 모든 마를 덮어 가리며, 한량없는 보살들이 다 와서 모인다.

불자들이여, 이것이 보살마하살의 열 가지 태어남이니, 중생을 조복하기 위한 까닭으로 이와 같이 나타내 보인다.

불자 보살마하살   이십사고   시현미소심
佛子야 菩薩摩訶薩이 以十事故로 示現微笑心

자서
自誓하나니라

하등   위십
何等이 爲十고

소위보살마하살   염언   일체세간   몰재
所謂菩薩摩訶薩이 念言호대 一切世間이 沒在

욕니   제아일인   무능면제   여시지
欲泥하니 除我一人하고 無能免濟라하야 如是知

이   희이미소심자서
已에 熙怡微笑心自誓하나니라

부념언   일체세간   번뇌소맹   유아금
復念言호대 一切世間이 煩惱所盲이요 唯我今

자   구족지혜   여시지이   희이미소심
者에 具足智慧라하야 如是知已에 熙怡微笑心

불자들이여, 보살마하살이 열 가지 일로써 미소 지으며 마음에 스스로 서원함을 나타내 보인다.

무엇이 열인가?

이른바 보살마하살이 생각하여 말하기를 '일체 세간이 욕심의 진흙탕에 빠져 있으니, 나 한 사람을 제외하고는 능히 건져낼 이가 없구나'라고 한다. 이와 같이 알고는 기뻐서 미소 지으며 마음에 스스로 서원한다.

다시 생각하여 말하기를 '일체 세간은 번뇌에 눈먼 바이고 오직 나만 지금 지혜를 갖추었다'라고 한다. 이와 같이 알고는 기뻐서 미소

자서
自誓하나라

우념언 아금인차가명신고 당득여래충
又念言호대 **我今因此假名身故**로 **當得如來充**

만삼세무상법신 여시지이 희이미소
滿三世無上法身이라하야 **如是知已**에 **熙怡微笑**

심자서
心自誓하나라

보살 이시 이무장애안 변관시방소유
菩薩이 **爾時**에 **以無障礙眼**으로 **徧觀十方所有**

범천 내지일체대자재천 작시념언
梵天과 **乃至一切大自在天**하고 **作是念言**호대

차등중생 개자위위유대지력 여시지
此等衆生이 **皆自謂爲有大智力**이라하야 **如是知**

이 희이미소심자서
已에 **熙怡微笑心自誓**하나라

지으며 마음에 스스로 서원한다.

또 생각하여 말하기를 '내가 지금 이 거짓 이름의 몸으로 인하여 당래에 여래의 삼세에 가득한 위없는 법의 몸을 얻으리라'고 한다. 이와 같이 알고는 기뻐서 미소 지으며 마음에 스스로 서원한다.

보살이 이때에 장애 없는 눈으로 시방에 있는 바 범천과 내지 일체 대자재천을 두루 살피고 이 생각을 하여 말하기를 '이 중생들이 모두가 스스로 큰 지혜의 힘이 있다고 생각하는구나'라고 한다. 이와 같이 알고는 기뻐서 미소 지으며 마음에 스스로 서원한다.

보살　이시　관제중생　구종선근
菩薩이 爾時에 觀諸衆生이 久種善根이라가

금개퇴몰　　여시지이　희이미소심자
今皆退沒하고 如是知已에 熙怡微笑心自

서
誓하니라

보살　관견세간종자　소종수소　획과심
菩薩이 觀見世間種子가 所種雖少나 獲果甚

다　　여시지이　희이미소심자서
多하고 如是知已에 熙怡微笑心自誓하니라

보살　관견일체중생　몽불소교　필득이
菩薩이 觀見一切衆生이 蒙佛所教하면 必得利

익　　여시지이　희이미소심자서
益하고 如是知已에 熙怡微笑心自誓하니라

보살　관견과거세중동행보살　염착여사
菩薩이 觀見過去世中同行菩薩이 染著餘事하야

보살이 이때에 모든 중생들이 오랫동안 선근을 심었으나 이제 다 없어짐을 살피고, 이와 같이 알고는 기뻐서 미소 지으며 마음에 스스로 서원한다.

보살이 세간의 종자를 심은 것은 비록 적으나 얻은 열매는 매우 많음을 관하여 보고, 이와 같이 알고는 기뻐서 미소 지으며 마음에 스스로 서원한다.

보살이 일체 중생이 부처님의 교화를 받으면 반드시 이익 얻음을 관하여 보고, 이와 같이 알고는 기뻐서 미소 지으며 마음에 스스로 서원한다.

보살이 과거 세상에서 함께 수행했던 보살들

부득불법광대공덕　　여시지이　희이미소
不得佛法廣大功德하고 如是知已에 熙怡微笑

심자서
心自誓하니라

보살　　관견과거세중동공집회제천인등
菩薩이 觀見過去世中同共集會諸天人等이

지금유재범부지지　　　　불능사리　　　역불피
至今猶在凡夫之地하야 不能捨離하며 亦不疲

염　　여시지이　희이미소심자서
厭하고 如是知已에 熙怡微笑心自誓하니라

보살　　이시　　위일체여래광명소촉　　　배가
菩薩이 爾時에 爲一切如來光明所觸하야 倍加

흔위　　희이미소심자서
欣慰하고 熙怡微笑心自誓하니라

시위십
是爲十이니라

이 다른 일에 물들어 부처님 법의 광대한 공덕을 얻지 못함을 관하여 보고, 이와 같이 알고는 기뻐서 미소 지으며 마음에 스스로 서원한다.

보살이 과거 세상에 함께 모였던 모든 천신과 인간 등이 지금에 이르도록 오히려 범부의 지위에 있으면서 능히 버리고 떠나지 아니하며, 또한 피로해하거나 싫어하지 아니함을 관하여 보고, 이와 같이 알고는 기뻐서 미소 지으며 마음에 스스로 서원한다.

보살이 이때에 일체 여래의 광명에 닿은 바가 되어 갑절이나 즐거워하고 기뻐서 미소 지으며 마음에 스스로 서원한다.

佛子야 菩薩이 爲調伏衆生故로 如是示現이니라

佛子야 菩薩摩訶薩이 以十事故로 示行七步하나니라

何等이 爲十고

所謂現菩薩力故로 示行七步하며 現施七財故로 示行七步하니라

滿地神願故로 示行七步하며 現超三界相故로

이것이 열이다.

불자들이여, 보살이 중생을 조복하기 위한 까닭으로 이와 같이 나타내 보인다.

불자들이여, 보살마하살이 열 가지 일로써 일곱 걸음 걸어감을 보인다.

무엇이 열인가?

이른바 보살의 힘을 나타내는 까닭으로 일곱 걸음 걸어감을 보이며, 일곱 가지 재물로 보시함을 나타내는 까닭으로 일곱 걸음 걸어감을 보인다.

땅의 신의 원을 만족시키는 까닭으로 일곱

시행칠보
示行七步하니라

현보살최승행　초과상왕우왕사자왕행고
現菩薩最勝行이 超過象王牛王師子王行故로

시행칠보　　현금강지상고　　시행칠보
示行七步하며 現金剛地相故로 示行七步하니라

현욕여중생용맹력고　　시행칠보　　현수행
現欲與衆生勇猛力故로 示行七步하며 現修行

칠각보고　　시행칠보
七覺寶故로 示行七步하니라

현소득법불유타교고　　시행칠보　　현어세
現所得法不由他教故로 示行七步하며 現於世

간최승무비고　　시행칠보
間最勝無比故로 示行七步하니라

시위십
是爲十이니라

걸음 걸어감을 보이며, 삼계를 초월하는 모양을 나타내는 까닭으로 일곱 걸음 걸어감을 보인다.

 보살의 가장 수승한 행이 코끼리왕과 소왕과 사자왕의 걸음보다 뛰어남을 나타내는 까닭으로 일곱 걸음 걸어감을 보이며, 금강지의 모양을 나타내는 까닭으로 일곱 걸음 걸어감을 보인다.

 중생에게 용맹한 힘을 주려 함을 나타내는 까닭으로 일곱 걸음 걸어감을 보이며, 일곱 가지 깨닫는 보배를 수행함을 나타내는 까닭으로 일곱 걸음 걸어감을 보인다.

 얻은 바의 법이 다른 이의 가르침을 말미암

불자 보살 위조복중생고 여시시현
佛子야 **菩薩**이 **爲調伏衆生故**로 **如是示現**이니라

불자 보살마하살 이십사고 현처동자
佛子야 **菩薩摩訶薩**이 **以十事故**로 **現處童子**

지
地하나니라

하등 위십
何等이 **爲十**고

소위위현통달일체세간문자산계 도서인
所謂爲現通達一切世間文字筭計와 **圖書印**

새 종종업고 처동자지
璽의 **種種業故**로 **處童子地**하나라

위현통달일체세간상마거승 호시검극
爲現通達一切世間象馬車乘과 **弧矢劍戟**의

지 않음을 나타내는 까닭으로 일곱 걸음 걸어감을 보이며, 세간에서 가장 수승하여 견줄 이 없음을 나타내는 까닭으로 일곱 걸음 걸어감을 보인다.

이것이 열이다.

불자들이여, 보살이 중생을 조복하기 위한 까닭으로 이와 같이 나타내 보인다.

불자들이여, 보살마하살이 열 가지 일로써 동자의 지위에 있음을 나타낸다.

무엇이 열인가?

이른바 일체 세간의 문자와 산수와 도서와

종종업고　처동자지
種種業故로 **處童子地**하나니라

위현통달일체세간문필담론　박혁희희
爲現通達一切世間文筆談論과 **博弈嬉戲**의

종종사고　처동자지
種種事故로 **處童子地**하나니라

위현원리신어의업　제과실고　처동자
爲現遠離身語意業의 **諸過失故**로 **處童子**

지
地하나니라

위현입정주열반문　주변시방무량세계
爲現入定住涅槃門하야 **周徧十方無量世界**

고　처동자지
故로 **處童子地**하나니라

위현기력　초과일체천룡야차건달바아수
爲現其力이 **超過一切天龍夜叉乾闥婆阿脩**

인장의 갖가지 업을 통달함을 나타내기 위한 까닭으로 동자의 지위에 있다.

일체 세간의 코끼리와 말과 수레와 활과 화살과 칼과 창의 갖가지 업을 통달함을 나타내기 위한 까닭으로 동자의 지위에 있다.

일체 세간의 문필과 담론과 장기와 바둑과 놀이의 갖가지 일을 통달함을 나타내기 위한 까닭으로 동자의 지위에 있다.

몸과 말과 뜻의 업의 모든 허물을 멀리 여읨을 나타내기 위한 까닭으로 동자의 지위에 있다.

선정에 들고 열반의 문에 머물러서 시방의 한량없는 세계에 두루함을 나타내기 위한 까

라가루라긴나라마후라가
羅迦樓羅緊那羅摩睺羅伽와 釋梵護世와 人
석범호세 인

비인등고 처동자지
非人等故로 處童子地하니라

위현보살색상위광 초과일체석범호세고
爲現菩薩色相威光이 超過一切釋梵護世故로

처동자지
處童子地하니라

위령탐착욕락중생 환희낙법고 처동자
爲令眈著欲樂衆生으로 歡喜樂法故로 處童子

지
地하니라

위존중정법 근공양불 주변시방일체
爲尊重正法하고 勤供養佛하야 周徧十方一切

세계고 처동자지
世界故로 處童子地하니라

닭으로 동자의 지위에 있다.

 그 힘이 일체 천신과 용과 야차와 건달바와 아수라와 가루라와 긴나라와 마후라가와 제석과 범천과 호세사천왕과 사람과 사람 아닌 이들을 뛰어넘음을 나타내기 위한 까닭으로 동자의 지위에 있다.

 보살의 색상과 위엄 있는 광명이 일체 제석과 범천과 호세사천왕을 뛰어넘음을 나타내기 위한 까닭으로 동자의 지위에 있다.

 욕락에 탐착하는 중생들로 하여금 환희하여 법을 좋아하게 하기 위한 까닭으로 동자의 지위에 있다.

위현득불가피　　몽법광명고　처동자지
爲現得佛加被하고 蒙法光明故로 處童子地하나라

시위십
是爲十이니라

불자　보살마하살　현동자지이　이십사
佛子야 菩薩摩訶薩이 現童子地已에 以十事

고　현처왕궁
故로 現處王宮하나니라

하등　위십
何等이 爲十고

소위위령숙세동행중생　　선근성숙고　현
所謂爲令宿世同行衆生으로 善根成熟故로 現

처왕궁　　위현시보살선근력고　　현처왕
處王宮하며 爲顯示菩薩善根力故로 現處王

바른 법을 존중하고 부지런히 부처님께 공양 올리며 시방의 일체 세계에 두루하기 위한 까닭으로 동자의 지위에 있다.

부처님의 가피를 얻고 법의 광명 입음을 나타내기 위한 까닭으로 동자의 지위에 있다.

이것이 열이다.

불자들이여, 보살마하살이 동자의 지위를 나타내고는 열 가지 일로써 왕궁에 거처함을 나타낸다.

무엇이 열인가?

이른바 지난 세상에서 함께 수행했던 중생들

궁
宮하니라

위제인천　　탐착낙구　　　시현보살　　대위덕
爲諸人天이 **眈著樂具**하야 **示現菩薩**의 **大威德**

낙구고　　현처왕궁
樂具故로 **現處王宮**하니라

순오탁세중생심고　　　　현처왕궁　　　위현보
順五濁世衆生心故로 **現處王宮**하며 **爲現菩**

살　대위덕력　　능어심궁　　입삼매고　　현처
薩의 **大威德力**이 **能於深宮**에 **入三昧故**로 **現處**

왕궁
王宮하니라

위령숙세동원중생　　　　만기의고　　현처왕
爲令宿世同願衆生으로 **滿其意故**로 **現處王**

궁　　욕령부모친척권속　　　　만소원고　　현
宮하며 **欲令父母親戚眷屬**으로 **滿所願故**로 **現**

로 하여금 선근을 성숙하게 하기 위한 까닭으로 왕궁에 거처함을 나타내며, 보살의 선근의 힘을 나타내 보이기 위한 까닭으로 왕궁에 거처함을 나타낸다.

모든 인간들과 천신들이 즐길거리에 탐착하므로 보살의 큰 위덕의 즐길거리를 나타내 보이기 위한 까닭으로 왕궁에 거처함을 나타낸다.

다섯 가지 혼탁한 세상의 중생들 마음을 따르는 까닭으로 왕궁에 거처함을 나타내며, 보살의 큰 위덕의 힘으로 능히 깊은 궁전에서 삼매에 듦을 나타내기 위한 까닭으로 왕궁에 거처함을 나타낸다.

처 왕 궁
處王宮하니라

욕 이 기 악   출 묘 법 음   공 양 일 체 제 여
欲以妓樂으로 出妙法音하야 供養一切諸如

래 고   현 처 왕 궁   욕 어 궁 내   주 미 묘 삼
來故로 現處王宮하며 欲於宮內에 住微妙三

매   시 종 성 불   내 지 열 반   개 시 현 고
昧하야 始從成佛로 乃至涅槃히 皆示現故로

현 처 왕 궁   위 수 순 수 호 제 불 법 고   현 처
現處王宮하며 爲隨順守護諸佛法故로 現處

왕 궁
王宮하니라

시 위 십
是爲十이니라

최 후 신 보 살   여 시 시 현 처 왕 궁 이   연 후 출
最後身菩薩이 如是示現處王宮已하고 然後出

지난 세상에서 서원을 함께했던 중생들로 하여금 그 뜻을 만족하게 하기 위한 까닭으로 왕궁에 거처함을 나타내며, 부모와 친척과 권속들로 하여금 원하는 바를 만족하게 하려는 까닭으로 왕궁에 거처함을 나타낸다.

기악으로 미묘한 법의 음성을 내어 일체 모든 여래께 공양올리려는 까닭으로 왕궁에 거처함을 나타내며, 궁전 안에서 미묘한 삼매에 머물러 처음 성불함으로부터 열반에 이르기까지를 다 나타내 보이려는 까닭으로 왕궁에 거처함을 나타내며, 모든 부처님 법을 따르고 수호하기 위한 까닭으로 왕궁에 거처함을 나타낸다.

가
家니라

불자 보살마하살 이십사고 시현출
佛子야 菩薩摩訶薩이 以十事故로 示現出

가
家하나니라

하등 위십
何等이 爲十고

소위위염거가고 시현출가 위착가중
所謂爲厭居家故로 示現出家하며 爲著家衆

생 영사리고 시현출가 위수순신락
生으로 令捨離故로 示現出家하며 爲隨順信樂

성인도고 시현출가
聖人道故로 示現出家하니라

이것이 열이다.

가장 마지막의 몸을 받은 보살이 이와 같이 왕궁에 거처함을 나타내 보이고 그런 후에 출가한다.

불자들이여, 보살마하살이 열 가지 일로써 출가함을 나타내 보인다.

무엇이 열인가?

이른바 집에 있는 것을 싫어하는 까닭으로 출가함을 나타내 보이며, 집에 애착하는 중생이 버리고 떠나게 하기 위한 까닭으로 출가함을 나타내 보이며, 성인의 도를 따르고 믿고 즐거워

위선양찬탄출가공덕고　　시현출가　　위현
爲宣揚讚歎出家功德故로 **示現出家**하며 **爲顯**

영리이변견고　　시현출가　　위령중생
永離二邊見故로 **示現出家**하며 **爲令衆生**으로

이욕락아락고　　시현출가
離欲樂我樂故로 **示現出家**하나라

위선현출삼계상고　　시현출가　　위현자재
爲先現出三界相故로 **示現出家**하며 **爲現自在**

불속타고　　시현출가　　위현당득여래십력
不屬他故로 **示現出家**하며 **爲顯當得如來十力**

무외법고　　시현출가　　최후보살　　법응이
無畏法故로 **示現出家**하며 **最後菩薩**이 **法應爾**

고　　시현출가
故로 **示現出家**하나라

시위십
是爲十이니라

하기 위한 까닭으로 출가함을 나타내 보인다.

　출가한 공덕을 선양하고 찬탄하기 위한 까닭으로 출가함을 나타내 보이며, 두 가지 치우친 소견을 길이 여읨을 나타내기 위한 까닭으로 출가함을 나타내 보이며, 중생들로 하여금 욕망의 즐거움과 '나'라는 즐거움을 여의게 하기 위한 까닭으로 출가함을 나타내 보인다.

　삼계를 벗어나는 모양을 먼저 나타내기 위한 까닭으로 출가함을 나타내 보이며, 자재하여 남에게 속하지 않음을 나타내기 위한 까닭으로 출가함을 나타내 보이며, 당래에 여래의 십력과 두려움 없는 법을 얻음을 나타내기 위한

菩薩이 以此調伏衆生이니라

佛子야 菩薩摩訶薩이 爲十種事故로 示行苦行하나니라

何等이 爲十고

所謂爲成就劣解衆生故로 示行苦行하며 爲拔邪見衆生故로 示行苦行하며 爲不信業報衆生으로 令見業報故로 示行苦行하니라

까닭으로 출가함을 나타내 보이며, 가장 마지막의 보살은 법이 응당 그러한 까닭으로 출가함을 나타내 보인다.

이것이 열이다.

보살이 이것으로 중생을 조복한다.

불자들이여, 보살마하살이 열 가지 일을 위한 까닭으로 고행을 행함을 보인다.

무엇이 열인가?

이른바 이해가 용렬한 중생을 성취시키기 위한 까닭으로 고행을 행함을 보이며, 삿된 소견의 중생을 빼어 내기 위한 까닭으로 고행을

爲隨順雜染世界하야 法應爾故로 示行苦行하며

示能忍劬勞하야 勤修道故로 示行苦行하며 爲

令衆生으로 樂求法故로 示行苦行하나라

爲著欲樂我樂衆生故로 示行苦行하며 爲顯菩

薩의 起行殊勝하야 乃至最後生히 猶不捨勤精

進故로 示行苦行하나라

爲令衆生으로 樂寂靜法하야 增長善根故로 示

行苦行하며 爲諸天世人이 諸根未熟하야 待時

행함을 보이며, 업과 과보를 믿지 않는 중생에게 업과 과보를 보게 하기 위한 까닭으로 고행을 행함을 보인다.

섞이어 물든 세계를 따르기 위하여 법이 응당 그러한 까닭으로 고행을 행함을 보이며, 수고로움을 능히 참고 부지런히 도를 닦음을 보이는 까닭으로 고행을 행함을 보이며, 중생으로 하여금 즐겨 법을 구하게 하기 위한 까닭으로 고행을 행함을 보인다.

욕망의 즐거움과 '나'라는 즐거움에 집착하는 중생을 위한 까닭으로 고행을 행함을 보이며, 보살의 행을 일으킴이 수승하여 가장 마지

성숙고 시행고행
成熟故로 示行苦行하나라

시위십
是爲十이니라

보살 이차방편 조복일체중생
菩薩이 以此方便으로 調伏一切衆生이니라

불자 보살마하살 왕예도량 유십종사
佛子야 菩薩摩訶薩이 往詣道場에 有十種事하나라

하등 위십
何等이 爲十고

소위예도량시 조요일체세계 예도량
所謂詣道場時에 照耀一切世界하며 詣道場

시 진동일체세계 예도량시 어일체세
時에 震動一切世界하며 詣道場時에 於一切世

막의 생에 이르기까지 오히려 부지런히 정진함을 버리지 않음을 나타내기 위한 까닭으로 고행을 행함을 보인다.

 중생으로 하여금 고요한 법을 좋아하고 선근을 증장하게 하기 위한 까닭으로 고행을 행함을 보이며, 모든 천신과 세상 사람들이 모든 근이 아직 성숙하지 아니하여 때를 기다려 성숙시키기 위한 까닭으로 고행을 행함을 보인다.

 이것이 열이다.

 보살이 이 방편으로 일체 중생을 조복한다.

 불자들이여, 보살마하살이 도량에 나아감에

계   보현기신
界에 普現其身하나라

예도량시   각오일체보살   급일체숙세동
詣道場時에 覺悟一切菩薩과 及一切宿世同

행중생   예도량시   시현도량일체장엄
行衆生하며 詣道場時에 示現道場一切莊嚴하며

예도량시   수제중생심지소욕   이위현신
詣道場時에 隨諸衆生心之所欲하야 而爲現身

종종위의   급보리수일체장엄
種種威儀와 及菩提樹一切莊嚴하나라

예도량시   현견시방일체여래   예도량
詣道場時에 現見十方一切如來하며 詣道場

시   거족하족   상입삼매   염념성불
時에 擧足下足에 常入三昧하야 念念成佛하야

무유초격
無有超隔하나라

열 가지 일이 있다.

무엇이 열인가?

이른바 도량에 나아갈 때에 일체 세계를 밝게 비추며, 도량에 나아갈 때에 일체 세계를 진동시키며, 도량에 나아갈 때에 일체 세계에 그 몸을 널리 나타낸다.

도량에 나아갈 때에 일체 보살과 일체 지난 세상에서 함께 수행했던 중생들을 깨우치며, 도량에 나아갈 때에 도량의 일체 장엄을 나타내 보이며, 도량에 나아갈 때에 모든 중생들 마음에 하고자 하는 바를 따라 몸의 갖가지 위의와 보리수의 일체 장엄을 나타낸다.

예도량시　　일체천룡야차건달바아수라
詣道場時에 一切天龍夜叉乾闥婆阿脩羅

가루라긴나라마후라가　　석범호세일
迦樓羅緊那羅摩睺羅伽와 釋梵護世一

체제왕　　각불상지　　이흥종종상묘공
切諸王이 各不相知호대 而興種種上妙供

양
養하니라

예도량시　　이무애지　　보관일체제불여래
詣道場時에 以無礙智로 普觀一切諸佛如來가

어일체세계　　수보살행　　이성정각
於一切世界에 修菩薩行하야 而成正覺하니라

시위십
是爲十이니라

보살　　이차교화중생
菩薩이 以此敎化衆生이니라

도량에 나아갈 때에 시방의 일체 여래를 분명히 보며, 도량에 나아갈 때에 발을 들거나 발을 놓음에 항상 삼매에 들어가서 생각생각 성불하되 뛰어넘거나 간격이 없다.

도량에 나아갈 때에 일체 천신과 용과 야차와 건달바와 아수라와 가루라와 긴나라와 마후라가와 제석과 범천과 호세사천왕과 일체 모든 왕들이 각각 서로 알지 못하되 갖가지 가장 미묘한 공양을 일으킨다.

도량에 나아갈 때에 걸림 없는 지혜로 일체 모든 부처님 여래께서 일체 세계에서 보살행을 닦아 바른 깨달음 이루심을 널리 관찰한다.

불자 보살마하살 좌도량 유십종사
佛子야 菩薩摩訶薩이 坐道場에 有十種事하니라

하등 위십
何等이 爲十고

소위좌도량시 종종진동일체세계   좌도
所謂坐道場時에 種種震動一切世界하며 坐道

량시 평등조요일체세계   좌도량시   제
場時에 平等照耀一切世界하며 坐道場時에 除

멸일체제악취고
滅一切諸惡趣苦하니라

좌도량시 영일체세계 금강소성   좌도
坐道場時에 令一切世界로 金剛所成이며 坐道

량시 보관일체제불여래사자지좌   좌도
場時에 普觀一切諸佛如來師子之座하며 坐道

량시 심여허공   무소분별
場時에 心如虛空하야 無所分別하니라

이것이 열이다.

보살이 이것으로 중생을 교화한다.

불자들이여, 보살마하살이 도량에 앉음에 열 가지 일이 있다.

무엇이 열인가?

이른바 도량에 앉을 때에 갖가지로 일체 세계를 진동시키며, 도량에 앉을 때에 일체 세계를 평등히 밝게 비추며, 도량에 앉을 때에 일체 모든 나쁜 갈래의 고통을 멸하여 없앤다.

도량에 앉을 때에 일체 세계로 하여금 금강으로 이루어지게 하며, 도량에 앉을 때에 일체

坐道場時_에 隨其所應_{하야} 現身威儀_{하며} 坐道
場時_에 隨順安住金剛三昧_{하며} 坐道場時_에 受
一切如來神力所持清淨妙處_{하며} 坐道場時_에
自善根力_{으로} 悉能加被一切衆生_{하니라}

是爲十_{이니라}

佛子_야 菩薩摩訶薩_이 坐道場時_에 有十種奇特

未曾有事_{하니라}

모든 부처님 여래의 사자좌를 널리 관찰하며, 도량에 앉을 때에 마음이 허공과 같아서 분별하는 바가 없다.

 도량에 앉을 때에 그 마땅한 바를 따라서 몸의 위의를 나타내며, 도량에 앉을 때에 금강 삼매를 수순하여 편안히 머무르며, 도량에 앉을 때에 일체 여래의 위신력으로 유지되는 바 청정하고 묘한 곳을 받으며, 도량에 앉을 때에 자기 선근의 힘으로 일체 중생에게 모두 능히 가피한다. 이것이 열이다.

 불자들이여, 보살마하살이 도량에 앉을 때에

하등 위십
何等이 爲十고

불자 보살마하살 좌도량시 시방세계일
佛子야 菩薩摩訶薩이 坐道場時에 十方世界一

체여래 개현기전 함거우수 이칭찬
切如來가 皆現其前하사 咸擧右手하야 而稱讚

언 선재선재 무상도사 시위제일
言하사대 善哉善哉라 無上導師여함이 是爲第一

미증유사
未曾有事요

보살마하살 좌도량시 일체여래 개실호
菩薩摩訶薩이 坐道場時에 一切如來가 皆悉護

념 여기위력 시위제이미증유사
念하사 與其威力이 是爲第二未曾有事요

보살마하살 좌도량시 숙세동행제보살
菩薩摩訶薩이 坐道場時에 宿世同行諸菩薩

열 가지 기특하고 미증유한 일이 있다.

무엇이 열인가?

불자들이여, 보살마하살이 도량에 앉을 때에 시방세계의 일체 여래께서 다 그 앞에 나타나시어 다 오른손을 들고 칭찬하여 말씀하시되 '훌륭하고 훌륭하도다. 위없는 도사여!'라고 하신다. 이것이 첫째 미증유한 일이다.

보살마하살이 도량에 앉을 때에 일체 여래께서 모두 다 보호하고 염려하시어 그 위력을 주신다. 이것이 둘째 미증유한 일이다.

보살마하살이 도량에 앉을 때에 지난 세상에서 함께 수행했던 모든 보살 대중들이 다

衆이 悉來圍遶하야 以種種莊嚴具로 恭敬供

養이 是爲第三未曾有事요

菩薩摩訶薩이 坐道場時에 一切世界草木叢

林諸無情物이 皆曲身低影하야 歸向道場이 是

爲第四未曾有事요

菩薩摩訶薩이 坐道場時에 入三昧하니 名觀察

法界라 此三昧力이 能令菩薩一切諸行으로 悉

得圓滿이 是爲第五未曾有事요

와서 둘러싸고 갖가지 장엄거리로 공경히 공양올린다. 이것이 셋째 미증유한 일이다.

보살마하살이 도량에 앉을 때에 일체 세계의 초목과 총림과 모든 무정물들이 다 몸을 굽히고 그림자를 낮추어 도량으로 돌아간다. 이것이 넷째 미증유한 일이다.

보살마하살이 도량에 앉을 때에 삼매에 드니, 이름이 '법계를 관찰함'이다. 이 삼매의 힘이 능히 보살의 일체 모든 행으로 하여금 다 원만함을 얻게 한다. 이것이 다섯째 미증유한 일이다.

보살마하살이 도량에 앉을 때에 다라니를 얻

보살마하살   좌도량시   득다라니   명최
菩薩摩訶薩이 坐道場時에 得陀羅尼하니 名最

　상이구묘광해장   능수일체제불여래대운
上離垢妙光海藏이라 能受一切諸佛如來大雲

법우   시위제육미증유사
法雨가 是爲第六未曾有事요

보살마하살   좌도량시   이위덕력   흥상
菩薩摩訶薩이 坐道場時에 以威德力으로 興上

묘공구   변일체세계   공양제불   시위
妙供具하야 徧一切世界하야 供養諸佛이 是爲

제칠미증유사
第七未曾有事요

보살마하살   좌도량시   주최승지   실현
菩薩摩訶薩이 坐道場時에 住最勝智하야 悉現

요지일체중생   제근의행   시위제팔미증
了知一切衆生의 諸根意行이 是爲第八未曾

으니, 이름이 '가장 높고 더러움을 여읜 미묘한 빛 바다 창고'이다. 능히 일체 모든 부처님 여래의 큰 구름의 법비를 받는다. 이것이 여섯째 미증유한 일이다.

보살마하살이 도량에 앉을 때에 위덕의 힘으로 가장 미묘한 공양거리를 일으켜 일체 세계에 두루하여 모든 부처님께 공양올린다. 이것이 일곱째 미증유한 일이다.

보살마하살이 도량에 앉을 때에 가장 수승한 지혜에 머물러 일체 중생의 모든 근과 뜻의 행을 밝게 앎을 모두 나타낸다. 이것이 여덟째 미증유한 일이다.

유사
有事요

보살마하살　　좌도량시　　입삼매　　　명선
菩薩摩訶薩이 坐道場時에 入三昧하니 名善

각　　　차삼매력　　능령기신　　충만삼세진
覺이라 此三昧力이 能令其身으로 充滿三世盡

허공계일체세계　　시위제구미증유사
虛空界一切世界가 是爲第九未曾有事요

보살마하살　　좌도량시　　득이구광명무애
菩薩摩訶薩이 坐道場時에 得離垢光明無礙

대지　　영기신업　　보입삼세　　시위제십
大智하야 令其身業으로 普入三世가 是爲第十

미증유사
未曾有事니라

불자　시위보살마하살　　좌도량시　　십종기
佛子야 是爲菩薩摩訶薩의 坐道場時에 十種奇

보살마하살이 도량에 앉을 때에 삼매에 들어가니, 이름이 '잘 깨달음'이다. 이 삼매의 힘이 능히 그 몸으로 하여금 삼세의 온 허공계 일체 세계에 충만하게 한다. 이것이 아홉째 미증유한 일이다.

보살마하살이 도량에 앉을 때에 더러움을 여읜 광명과 걸림 없는 큰 지혜를 얻어 그 몸의 업으로 하여금 삼세에 널리 들어가게 한다. 이것이 열째 미증유한 일이다.

불자들이여, 이것이 보살마하살이 도량에 앉을 때에 열 가지 기특하고 미증유한 일이다.

특미증유사
特未曾有事니라

불자　보살마하살　좌도량시　관십종의
佛子야 **菩薩摩訶薩**이 **坐道場時**에 **觀十種義**

고　시현항마
故로 **示現降魔**하나니라

하등　위십
何等이 **爲十**고

소위위탁세중생　낙어투전　욕현보살위
所謂爲濁世衆生이 **樂於鬪戰**하야 **欲顯菩薩威**

덕력고　시현항마　위제천세인　유회의
德力故로 **示現降魔**하며 **爲諸天世人**이 **有懷疑**

자　단피의고　시현항마
者하야 **斷彼疑故**로 **示現降魔**하나니라

불자들이여, 보살마하살이 도량에 앉을 때에 열 가지 뜻을 관찰하는 까닭으로 마를 항복 받음을 나타내 보인다.

무엇이 열인가?

이른바 혼탁한 세상의 중생들이 싸움을 좋아하여 보살이 위덕의 힘을 나타내려는 까닭으로 마를 항복 받음을 나타내 보이며, 모든 천신과 세상 사람들이 의심을 품은 자가 있어서 그 의심을 끊기 위한 까닭으로 마를 항복 받음을 나타내 보인다.

모든 마군을 교화하고 조복하기 위한 까닭으로 마를 항복 받음을 나타내 보이며, 모든

爲敎化調伏諸魔軍故로 示現降魔하며 爲欲令

諸天世人의 樂軍陣者로 咸來聚觀하고 心調伏

故로 示現降魔하나니라

爲顯示菩薩所有威力이 世無能敵故로 示現

降魔하며 爲欲發起一切衆生의 勇猛力故로 示

現降魔하나니라

爲哀愍末世諸衆生故로 示現降魔하며 爲欲顯

示乃至道場히 猶有魔軍이 而來觸惱라가 此

천신과 세상 사람들의 군대의 진영을 좋아하는 자들로 하여금 다 와서 모여 관찰하고 마음이 조복되게 하려는 까닭으로 마를 항복 받음을 나타내 보인다.

보살에게 있는 위력은 세상이 대적할 수 없음을 나타내 보이기 위한 까닭으로 마를 항복 받음을 나타내 보이며, 일체 중생의 용맹한 힘을 일으키려는 까닭으로 마를 항복 받음을 나타내 보인다.

말세의 모든 중생들을 가엾게 여기는 까닭으로 마를 항복 받음을 나타내 보이며, 도량에 이르기까지 오히려 마군이 있어서 와서 괴롭

후에야 乃得超魔境界故로 示現降魔하나니라

爲顯煩惱의 業用嬴劣하고 大慈善根의 勢力强

盛故로 示現降魔하며 爲欲隨順濁惡世界所行

法故로 示現降魔하나니라

是爲十이니라

佛子야 菩薩摩訶薩이 有十種成如來力하나니라

何等이 爲十고

히다가, 이후에야 이에 마의 경계를 초월하게 됨을 나타내 보이려는 까닭으로 마를 항복 받음을 나타내 보인다.

번뇌의 업의 작용은 약하고 대자의 선근은 세력이 강성함을 나타내기 위한 까닭으로 마를 항복 받음을 나타내 보이며, 혼탁하고 악한 세계에서 행하는 바 법을 따르려는 까닭으로 마를 항복 받음을 나타내 보인다.

이것이 열이다.

불자들이여, 보살마하살이 열 가지 여래의 힘을 이룸이 있다.

소위초과일체중마번뇌업고 　　성여래력
所謂超過一切衆魔煩惱業故로 成如來力하며

구족일체보살행 　　유희일체보살삼매문
具足一切菩薩行하야 遊戲一切菩薩三昧門

고 　　성여래력 　　구족일체보살광대선정
故로 成如來力하며 具足一切菩薩廣大禪定

고 　　성여래력 　　원만일체백정조도법고
故로 成如來力하며 圓滿一切白淨助道法故로

성여래력
成如來力하니라

득일체법지혜광명선사유분별고 　　성여래
得一切法智慧光明善思惟分別故로 成如來

력 　　기신 　　주변일체세계고 　　성여래력
力하며 其身이 周徧一切世界故로 成如來力하며

소출언음 　　실여일체중생심등고 　　성여래
所出言音이 悉與一切衆生心等故로 成如來

무엇이 열인가?

이른바 일체 온갖 마와 번뇌의 업을 뛰어 넘은 까닭으로 여래의 힘을 이루며, 일체 보살행을 구족하고 일체 보살의 삼매문에 유희한 까닭으로 여래의 힘을 이루며, 일체 보살의 광대한 선정을 구족한 까닭으로 여래의 힘을 이루며, 일체 희고 깨끗한 도를 돕는 법을 원만하게 한 까닭으로 여래의 힘을 이룬다.

일체 법의 지혜 광명을 얻어 잘 생각하고 분별한 까닭으로 여래의 힘을 이루며, 그 몸이 일체 세계에 두루한 까닭으로 여래의 힘을 이루며, 하는 말과 음성이 모두 일체 중생의 마

력
力하니라

능이신력 가지일체고 성여래력   여
能以神力으로 加持一切故로 成如來力하며 與

삼세제불 신어의업 등무유이   어일념
三世諸佛로 身語意業이 等無有異하야 於一念

중 요삼세법고 성여래력   득선각지삼
中에 了三世法故로 成如來力하며 得善覺智三

매   구여래십력   소위시처비처지력
昧하야 具如來十力하나니 所謂是處非處智力으로

내지누진지력고 성여래력
乃至漏盡智力故로 成如來力하나라

시위십
是爲十이니라

약제보살 구차십력   즉명여래응정등
若諸菩薩이 具此十力하면 則名如來應正等

음과 동등한 까닭으로 여래의 힘을 이룬다.

 능히 위신력으로 일체에 가지한 까닭으로 여래의 힘을 이루며, 삼세 모든 부처님과 더불어 몸과 말과 뜻의 업이 평등하여 다름이 없으며 한 생각 가운데 삼세의 법을 요달한 까닭으로 여래의 힘을 이루며, 잘 깨닫는 지혜의 삼매를 얻어 여래의 십력을 갖춘다. 이른바 옳은 도리와 그른 도리를 아는 지혜의 힘과 내지 번뇌가 다한 지혜의 힘인 까닭으로 여래의 힘을 이룬다.

 이것이 열이다.

 만약 모든 보살들이 이 십력을 갖추면 곧 여

각
覺이니라

불자　　여래응정등각　　　전대법륜　　유십종
佛子야 **如來應正等覺**이 **轉大法輪**에 **有十種**

사
事하니라

하등　　위십
何等이 **爲十**고

일자　　구족청정사무외지　　이자　　출생사
一者는 **具足淸淨四無畏智**요 **二者**는 **出生四**

변수순음성　　　삼자　　선능개천사진제상
辯隨順音聲이요 **三者**는 **善能開闡四眞諦相**이요

사자　　수순제불무애해탈
四者는 **隨順諸佛無礙解脫**이요

래 응정등각이라 이름한다.

 불자들이여, 여래 응정등각께서 큰 법륜을 굴리심에 열 가지 일이 있다.
 무엇이 열인가?
 하나는 청정한 네 가지 두려움 없는 지혜를 구족함이고, 둘은 네 가지 변재로 따르는 음성을 냄이고, 셋은 네 가지 진실한 진리의 모습을 잘 능히 열어 밝힘이고, 넷은 모든 부처님의 걸림 없는 해탈을 따름이다.
 다섯은 능히 중생으로 하여금 마음이 다 깨끗하게 믿게 함이고, 여섯은 있는 바 말이 다

五者는 能令衆生으로 心皆淨信이요 六者는 所

有言說이 皆不唐捐하야 能拔衆生의 諸苦毒

箭이요 七者는 大悲願力之所加持요

八者는 隨出音聲하야 普徧十方一切世界요 九

者는 於阿僧祇劫에 說法不斷이요 十者는 隨所

說法하야 皆能生起根力覺道禪定解脫三昧等

法이니라

佛子야 諸佛如來가 轉於法輪에 有如是等無量

헛되지 아니하여 중생들의 모든 괴로움의 독화살을 능히 뽑음이고, 일곱은 대비 원력으로 가지하는 바이다.

여덟은 내는 음성을 따라 시방의 일체 세계에 널리 두루함이고, 아홉은 아승지겁에 법을 설하여 끊어지지 않음이고, 열은 설하는 바 법을 따라서 근과 힘과 깨달음과 도와 선정과 해탈과 삼매 등의 법을 다 능히 냄이다.

불자들이여, 모든 부처님 여래께서 법륜을 굴리심에 이와 같은 등 한량없는 종류의 일이 있다.

종사
種事니라

불자   여래응정등각   전법륜시   이십사
佛子야 **如來應正等覺**이 **轉法輪時**에 **以十事**

고   어중생심중   종백정법   무공과자
故로 **於衆生心中**에 **種白淨法**하야 **無空過者**니라

하등   위십
何等이 **爲十**고

소위과거원력고   대비소지고   불사중생
所謂過去願力故며 **大悲所持故**며 **不捨衆生**

고   지혜자재   수기소락   위설법고
故며 **智慧自在**하야 **隨其所樂**하야 **爲說法故**니라

필응기시   미증실고   수기소의   무망
必應其時하야 **未曾失故**며 **隨其所宜**하야 **無妄**

불자들이여, 여래 응정등각께서 법륜을 굴리실 때에 열 가지 일로써 중생의 마음 가운데 희고 깨끗한 법을 심고 헛되이 지내시는 일이 없다.

무엇이 열인가?

이른바 과거의 원력인 까닭이며, 대비로 유지하는 바인 까닭이며, 중생을 버리지 않는 까닭이며, 지혜가 자재하여 그들의 좋아하는 바를 따라서 법을 설하는 까닭이다.

반드시 그 때에 응하여 일찍이 잃지 않은 까닭이며, 그 마땅한 바를 따르고 망령되이 설함이 없는 까닭이며, 삼세를 아는 지혜로 잘 밝게 아는 까닭이다.

설고 지삼세지 선요지고
說故며 知三世智로 善了知故니라

기신최승 무여등고 언사자재 무능
其身最勝하야 無與等故며 言辭自在하야 無能

측고 지혜자재 수소발언 실개오
測故며 智慧自在하야 隨所發言하야 悉開悟

고
故니라

시위십
是爲十이니라

불자 여래응정등각 작불사이 관십종의
佛子야 如來應正等覺이 作佛事已에 觀十種義

고 시반열반
故로 示般涅槃하나니라

그 몸이 가장 수승하여 더불어 같은 이가 없는 까닭이며, 언사가 자재하여 헤아릴 수 없는 까닭이며, 지혜가 자재하여 말하는 바를 따라 모두 깨닫는 까닭이다.

이것이 열이다.

불자들이여, 여래 응정등각께서 불사를 지으시고는 열 가지 뜻을 관하는 까닭으로 열반에 듦을 보이신다.

무엇이 열인가?

이른바 일체 행이 진실로 무상함을 보이시는 까닭이며, 일체 유위는 편안함이 아님을 보이

하등　위십
何等이 爲十고

소위시일체행　실무상고　시일체유위　비안
所謂示一切行이 實無常故며 示一切有爲가 非安

은고　시대열반　시안은처　무포외고
隱故며 示大涅槃이 是安隱處라 無怖畏故니라

이제인천　낙착색신　위현색신　시무상
以諸人天이 樂著色身에 爲現色身이 是無常

법　영기원주정법신고　시무상력　불가
法하야 令其願住淨法身故며 示無常力의 不可

전고
轉故니라

시일체유위　불수심주　부자재고　시일
示一切有爲가 不隨心住하야 不自在故며 示一

체삼유　개여환화　불견뢰고
切三有가 皆如幻化하야 不堅牢故니라

시는 까닭이며, 큰 열반은 편안한 곳이어서 두려움이 없음을 보이시는 까닭이다.

모든 인간과 천신들이 색신을 즐겨 집착함에 색신은 무상한 법임을 나타내어 그들로 하여금 청정한 법신에 머무르기를 원하게 하시는 까닭이며, 무상의 힘은 바꿀 수 없음을 보이시는 까닭이다.

일체 유위는 마음을 따라 머무르지 않고 자재하지도 않음을 보이시는 까닭이며, 일체 세 가지 존재가 모두 환화와 같아서 견고하지 못함을 보이시는 까닭이다.

열반의 성품은 끝까지 견고하여 깨뜨릴 수

시열반성 구경견뢰 불가괴고 시일체
示涅槃性이 **究竟堅牢**하야 **不可壞故**며 **示一切**

법 무생무기 이유취집산괴상고
法이 **無生無起**호대 **而有聚集散壞相故**니라

불자 제불세존 작불사이 소원만이
佛子야 **諸佛世尊**이 **作佛事已**하며 **所願滿已**하며

전법륜이 응화도자 개화도이 유제
轉法輪已하며 **應化度者**를 **皆化度已**하며 **有諸**

보살 응수존호 성기별이 법응여시입
菩薩이 **應受尊號**어든 **成記別已**에 **法應如是入**

어불변대반열반
於不變大般涅槃이니라

불자 시위여래응정등각 관십의고 시반
佛子야 **是爲如來應正等覺**의 **觀十義故**로 **示般**

열반
涅槃이니라

없음을 보이시는 까닭이며, 일체 법이 생겨남이 없고 일어남이 없지만 쌓여 모이고 흩어져 무너지는 모양이 있음을 보이시는 까닭이다.

불자들이여, 모든 부처님 세존께서 불사를 지으시며 소원을 원만히 하시며 법륜을 굴리시며 응당 교화 제도할 자를 다 교화 제도하시었다. 모든 보살들이 마땅히 높은 칭호를 받을 이가 있으면 수기를 주시고는 법이 응당 이와 같이 변하지 않는 큰 열반에 드신다.

불자들이여, 이것이 여래 응정등각께서 열 가지 뜻을 관하는 까닭으로 열반에 듦을 보이시는 것이다.

불자　　차법문　　　명보살광대청정행　　　　무량
佛子야 此法門이 名菩薩廣大淸淨行이니 無量

제불　　소공선설　　　능령지자　　요무량의
諸佛의 所共宣說이라 能令智者로 了無量義하야

개생환희　　　영일체보살　　　대원대행　　　개득
皆生歡喜하며 令一切菩薩로 大願大行이 皆得

상속
相續이니라

불자　　약유중생　　　득문차법　　　문이신해
佛子야 若有衆生이 得聞此法하고 聞已信解하며

해이수행　　　필득질성아뇩다라삼먁삼보
解已修行하면 必得疾成阿耨多羅三藐三菩

리　　　하이고　　　이여설수행고
提하리니 何以故오 以如說修行故니라

불자　　약제보살　　　불여설행　　　당지시인
佛子야 若諸菩薩이 不如說行이면 當知是人은

불자들이여, 이 법문은 이름이 '보살의 광대하고 청정한 행'이니, 한량없는 모든 부처님께서 한가지로 말씀하시는 것이다. 능히 지혜 있는 자로 하여금 한량없는 이치를 알아서 모두 환희를 내게 하며, 일체 보살로 하여금 대원과 대행이 다 서로 이어지게 한다.

　불자들이여, 만약 어떤 중생이 이 법을 들음을 얻으며, 듣고는 믿고 이해하며, 이해하고는 수행하면 반드시 빨리 아뇩다라삼먁삼보리를 이룰 것이다. 왜냐하면 설하신 대로 수행하기 때문이다.

　불자들이여, 만약 모든 보살들이 설하신 대

어불보리　　즉위영리　　시고보살　　응여설
於佛菩提에 則爲永離니 是故菩薩이 應如說

행
行이니라

불자　　차일체보살　　공덕행처　　결정의화
佛子야 此一切菩薩의 功德行處며 決定義華며

보입일체법　　　보생일체지　　초제세간
普入一切法이며 普生一切智며 超諸世間이며

이이승도　　불여일체제중생공　　실능조료
離二乘道며 不與一切諸衆生共이며 悉能照了

일체법문　　증장중생출세선근　　이세간
一切法門이며 增長衆生出世善根이며 離世間

법문품
法門品이라

응존중　　응청수　　응송지　　응사유
應尊重하며 應聽受하며 應誦持하며 應思惟하며

로 행하지 아니하면, 마땅히 알라, 이 사람은 부처님의 보리를 곧 영원히 떠날 것이다. 그러므로 보살은 마땅히 설하신 대로 행하여야 한다.

불자들이여, 이것은 일체 보살의 공덕행의 처소이며, 결정한 뜻의 꽃이며, 일체 법에 널리 들어가며, 일체 지혜를 널리 내며, 모든 세간을 초월하며, 이승의 도를 여의며, 일체 모든 중생들과 함께하지 않으며, 일체 법문을 모두 능히 비추어 알며, 중생의 세간을 벗어나는 선근을 증장하며, 세간을 여의는 법문의 품이다.

마땅히 존중해야 하며, 마땅히 듣고 받아들

응원락 응수행
應願樂하며 應修行이니라

약능여시 당지시인 질득아뇩다라삼먁
若能如是면 當知是人은 疾得阿耨多羅三藐

삼보리
三菩提니라

설차품시 불신력고 급차법문 법여시
說此品時에 佛神力故며 及此法門의 法如是

고 시방무량무변아승지세계 개대진동
故로 十方無量無邊阿僧祇世界가 皆大震動하며

대광보조
大光普照하니라

여야 하며, 마땅히 외워 지녀야 하며, 마땅히 생각해야 하며, 마땅히 원하고 좋아해야 하며, 마땅히 수행해야 한다.

 만약 능히 이와 같이 하면, 마땅히 알라, 이 사람은 빨리 아뇩다라삼먁삼보리를 얻는다."

 이 품을 설할 때에 부처님의 위신력인 까닭이며, 이 법문의 법이 이와 같은 까닭으로, 시방의 한량없고 가없는 아승지 세계가 모두 크게 진동하며 큰 광명이 널리 비치었다.

이시 시방제불   개현보현보살전   찬
爾時에 十方諸佛이 皆現普賢菩薩前하사 讚

언
言하시니라

선재선재   불자 내능설차제보살마하살
善哉善哉라 佛子야 乃能說此諸菩薩摩訶薩의

공덕행처 결정의화   보입일체불법   출세
功德行處와 決定義華와 普入一切佛法과 出世

간법문품
間法門品이로다

불자 여이선학차법   선설차법   여이
佛子야 汝已善學此法하며 善說此法하며 汝以

위력   호지차법   아등제불   실개수
威力으로 護持此法일새 我等諸佛이 悉皆隨

희   여아등제불   수희어여   일체제
喜하노니 如我等諸佛이 隨喜於汝하야 一切諸

그때에 시방의 모든 부처님께서 다 보현 보살 앞에 나타나서 칭찬하여 말씀하시었다.

"훌륭하고 훌륭하도다! 불자여, 이에 능히 이 모든 보살마하살의 공덕행의 처소와 결정한 뜻의 꽃과 일체 부처님 법에 널리 들어감과 세간을 벗어나는 법문의 품을 말하였도다.

불자여, 그대가 이미 이 법을 잘 배웠고, 이 법을 잘 말하였고, 그대가 위력으로 이 법을 보호하여 지니니, 우리들 모든 부처님이 모두 다 따라 기뻐한다. 우리들 모든 부처님이 그대를 따라 기뻐하듯이, 일체 모든 부처님께서도

불 실역여시
佛도 悉亦如是니라

불자 아등제불 실공동심 호지차
佛子야 我等諸佛이 悉共同心으로 護持此

경 영현재미래제보살중 미증문자 개
經하야 令現在未來諸菩薩衆의 未曾聞者로 皆

당득문
當得聞이니라

이시 보현보살마하살 승불신력 관찰
爾時에 普賢菩薩摩訶薩이 承佛神力하사 觀察

시방일체대중 계우법계 이설송언
十方一切大衆과 洎于法界하고 而說頌言하시니라

모두 또한 이와 같으시다.

불자여, 우리들 모든 부처님이 모두 한가지 같은 마음으로 이 경을 보호하여 지녀서 현재와 미래의 모든 보살 대중들의 아직 일찍이 듣지 못한 자로 하여금 다 마땅히 듣게 하리라."

그때에 보현 보살마하살이 부처님의 위신력을 받들어 시방의 일체 대중과 및 법계를 관찰하고 게송을 설하여 말씀하였다.

어무량겁수고행 　　　　　종무량불정법생
於無量劫修苦行하야　　　從無量佛正法生하며

영무량중주보리 　　　　　피무등행청아설
令無量衆住菩提하나니　　彼無等行聽我說이어다

공무량불이사착 　　　　　광도군생부작상
供無量佛而捨著하며　　　廣度羣生不作想하며

구불공덕심무의 　　　　　피승묘행아금설
求佛功德心無依하니　　　彼勝妙行我今說호리라

이삼계마번뇌업 　　　　　구성공덕최승행
離三界魔煩惱業하며　　　具聖功德最勝行하며

멸제치혹심적연 　　　　　아금설피소행도
滅諸癡惑心寂然하니　　　我今說彼所行道호리라

한량없는 겁 동안 고행을 닦아
한량없는 부처님의 정법에서 태어나
한량없는 중생들을 보리에 머무르게 하니
그 같음이 없는 행을 내가 설함을 들을지어다.

한량없는 부처님께 공양올리되 집착을 버리며
중생들을 널리 제도하되 생각을 짓지 않으며
부처님의 공덕을 구하되 마음에 의지함이 없으니
그 수승하고 미묘한 행을 내가 이제 말하리라.

삼계의 마와 번뇌의 업을 여의고
성인 공덕의 가장 수승한 행을 갖추며
모든 어리석은 의혹을 없애어 마음이 고요하니
내가 이제 그 행하던 도를 말하리라.

영리세간제광환   종종변화시중생
永離世間諸誑幻하고   **種種變化示衆生**하며

심생주멸현중사   설피소능영중희
心生住滅現衆事하나니   **說彼所能令衆喜**호리라

견제중생생노사   번뇌우횡소전박
見諸衆生生老死와   **煩惱憂橫所纏迫**하고

욕령해탈교발심   피공덕행응청수
欲令解脫敎發心하니   **彼功德行應聽受**어다

시계인진선지혜   방편자비희사등
施戒忍進禪智慧와   **方便慈悲喜捨等**을

백천만겁상수행   피인공덕인응청
百千萬劫常修行하니   **彼人功德仁應聽**이어다

세간의 모든 속임과 환을 길이 떠나서
갖가지 변화를 중생에게 보이며
마음이 나고 머무르고 소멸하며 온갖 일을 나타내니
그 능한 바를 말하여 대중들을 기쁘게 하리라.

모든 중생들이 나고 늙고 죽음과
번뇌와 근심과 횡액에 얽혀 핍박됨을 보고
해탈하게 하려고 보리심을 내게 하니
저 공덕의 행을 마땅히 들을지어다.

보시 · 지계 · 인욕 · 정진 · 선정 · 지혜와
방편과 자 · 비 · 희 · 사 등을
백천만 겁에 항상 수행하니
그 사람의 공덕을 어진 이는 마땅히 들을지어다.

천만억겁구보리
千萬億劫求菩提호대

소유신명개무린
所有身命皆無吝하야

원익군생불위기
願益羣生不爲己하니

피자민행아금설
彼慈愍行我今說호리라

무량억겁연기덕
無量億劫演其德이

여해일적미위소
如海一滴未爲少하야

공덕무비불가유
功德無比不可諭니

이불위신금약설
以佛威神今略說호리라

기심무고하
其心無高下하며

구도무염권
求道無厭倦하야

보사제중생
普使諸衆生으로

주선증정법
住善增淨法이로다

천만억 겁에 보리를 구하되
있는 바 몸과 목숨을 다 아낌이 없으며
군생을 이익케 하기를 원하고 자기는 위하지 않으니
그 자비행을 내가 이제 말하리라.

한량없는 억 겁 동안 그 공덕을 연설한 것이
바다의 한 방울 물과 같되 적지 않으니
공덕이 견줄 수 없고 비유할 수 없어
부처님의 위신력으로 이제 간략히 말하리라.

그 마음이 높고 낮음이 없으며
도를 구함에 싫어하고 게으름이 없어
널리 모든 중생들로 하여금
선에 머물러 깨끗한 법 늘어나게 하도다.

지혜보요익
智慧普饒益이

여수여하천
如樹如河泉하며

역여어대지
亦如於大地하야

일체소의처
一切所依處로다

보살여연화
菩薩如蓮華하야

자근안은경
慈根安隱莖이며

지혜위중예
智慧爲衆蘂며

계품위향결
戒品爲香潔이어든

불방법광명
佛放法光明하사

영피득개부
令彼得開敷하니

불착유위수
不著有爲水라

견자개흔락
見者皆欣樂이로다

지혜로써 널리 요익하게 함이
나무와 같고 강과 샘과 같으며
또한 대지와 같아서
일체가 의지하는 바 곳이로다.

보살은 연꽃과 같아서
자비는 뿌리이고 편안함은 줄기이며
지혜는 온갖 꽃술이 되며
계품은 깨끗한 향기가 되도다.

부처님께서 법의 광명을 놓으시어
그로 하여금 피어나게 하시니
유위의 물에 묻지 않음이라
보는 자가 다 기뻐하도다.

보살묘법수
菩薩妙法樹가

생어직심지
生於直心地하니

신종자비근
信種慈悲根이며

지혜이위신
智慧以爲身하며

방편위지간
方便爲枝幹하며

오도위번밀
五度爲繁密하며

정엽신통화
定葉神通華며

일체지위과
一切智爲果하며

최상력위조
最上力爲蔦하야

수음부삼계
垂陰覆三界로다

보살은 미묘한 법의 나무이니
곧은 마음땅에서 나고
믿음은 종자이고 자비는 뿌리이며
지혜는 몸통이 되며

방편은 나뭇가지와 줄기가 되고
다섯 가지 바라밀은 번성하게 되며
선정은 잎이고 신통은 꽃이며
일체지는 열매가 되며

최상의 힘은 덩굴이 되어
그늘을 드리워 삼계를 덮도다.

보살사자왕
菩薩師子王이

백정법위신
白淨法爲身하며

사제위기족
四諦爲其足하며

정념이위경
正念以爲頸하며

자안지혜수
慈眼智慧首요

정계해탈증
頂繫解脫繒하야

승의공곡중
勝義空谷中에

후법포중마
吼法怖衆魔로다

보살위상주
菩薩爲商主하야

보견제군생
普見諸羣生이

재생사광야
在生死曠野와

번뇌험악처
煩惱險惡處하야

보살은 사자의 왕이라
희고 깨끗한 법은 몸이 되며
사성제는 그 발이 되며
바른 생각은 목이 되며

자애는 눈이고 지혜는 머리이며
해탈의 비단을 정수리에 매고
수승한 이치의 빈 골짜기에서
법을 사자후하여 온갖 마를 두렵게 하도다.

보살은 대상의 주인이 되어
널리 보니 모든 군생들이
나고 죽는 거친 벌판과
번뇌의 험악한 곳에 있으면서

마적지소섭
魔賊之所攝으로

치맹실정도
癡盲失正道하고

시기정직로
示其正直路하야

영입무외성
令入無畏城이로다

보살견중생
菩薩見衆生의

삼독번뇌병
三毒煩惱病과

종종제고뇌
種種諸苦惱로

장야소전박
長夜所煎迫하고

위발대비심
爲發大悲心하야

광설대치문
廣說對治門의

팔만사천종
八萬四千種하야

멸제중고환
滅除衆苦患이로다

마와 도적에게 붙들린 바로
어리석고 눈 어두워 바른 길을 잃으면
그들에게 바르고 곧은 길을 보여서
두려움 없는 성에 들게 하도다.

보살은 중생들이
삼독 번뇌의 병과
갖가지 모든 고뇌로
긴 밤에 볶이고 핍박당함을 보고

대비의 마음을 내어
대치할 문을 널리 설하니
팔만 사천 가지라
온갖 고통과 근심을 멸하여 없애도다.

보살위법왕
菩薩爲法王하야

정도화중생
正道化衆生호대

영원악수선
令遠惡修善하야

전구불공덕
專求佛功德하며

일체제불소
一切諸佛所에

관정수존기
灌頂授尊記하야

광시중성재
廣施衆聖財와

보리분진보
菩提分珍寶로다

보살전법륜
菩薩轉法輪이

여불지소전
如佛之所轉이라

계곡삼매망
戒轂三昧輞이며

지장혜위검
智莊慧爲劒하야

보살은 법의 왕이 되어
바른 길로 중생들을 교화하되
악을 멀리하고 선을 닦아서
부처님의 공덕을 오로지 구하게 하며

일체 모든 부처님 처소에서
관정하여 존귀한 수기를 받고
온갖 성스러운 재물과
보리 부분의 진귀한 보배를 널리 보시하도다.

보살이 법륜을 굴리니
부처님께서 굴리신 바와 같음이라
계는 안바퀴이고 삼매는 덧바퀴이며
지는 장엄이고 혜는 칼이 되어

기파번뇌적
旣破煩惱賊하고

역진중마원
亦殄衆魔怨하니

일체제외도
一切諸外道가

견지무불산
見之無不散이로다

보살지혜해
菩薩智慧海가

심광무애제
深廣無涯際하야

정법미영흡
正法味盈洽하며

각분보충만
覺分寶充滿하며

대심무변안
大心無邊岸이며

일체지위조
一切智爲潮하니

중생막능측
衆生莫能測이라

설지불가진
說之不可盡이로다

번뇌의 도적을 이미 깨뜨리고
또한 온갖 마와 원수를 부수니
일체 모든 외도들이
그것을 보고 흩어지지 않음이 없도다.

보살은 지혜의 바다라
깊고 넓기가 끝이 없으며
바른 법의 맛이 가득하여
깨달음 부분의 보배가 충만하며

큰 마음은 가없는 언덕이며
일체지는 조수가 되니
중생은 헤아릴 수 없어서
말해도 다할 수 없도다.

보살수미산
菩薩須彌山이

초출어세간
超出於世間하야

신통삼매봉
神通三昧峯에

대심안부동
大心安不動이라

약유친근자
若有親近者면

동기지혜색
同其智慧色하야

형절중경계
逈絶衆境界하야

일체무부도
一切無不覩로다

보살여금강
菩薩如金剛하야

지구일체지
志求一切智호대

신심급고행
信心及苦行이

견고불가동
堅固不可動이며

보살은 수미산이라
세간에서 우뚝 솟아
신통과 삼매의 봉우리에서
큰 마음 편안하여 흔들리지 않도다.

만약 가까이하는 자가 있으면
그 지혜의 빛과 같아지고
멀리 온갖 경계를 끊어서
일체를 보지 않음이 없도다.

보살은 금강과 같아서
뜻에 일체지를 구하되
믿는 마음과 고행이
견고하여 흔들 수 없도다.

기심무소외　　　　　요익제군생
其心無所畏하야　　　饒益諸羣生하니

중마여번뇌　　　　　일체실최멸
衆魔與煩惱가　　　　一切悉摧滅이로다

보살대자비　　　　　비여중밀운
菩薩大慈悲가　　　　譬如重密雲하야

삼명발전광　　　　　신족진뇌음
三明發電光하고　　　神足震雷音하며

보이사변재　　　　　우팔공덕수
普以四辯才로　　　　雨八功德水하야

윤흡어일체　　　　　영제번뇌열
潤洽於一切하야　　　令除煩惱熱이로다

그 마음은 두려울 바 없어
모든 군생들을 요익하게 하고
온갖 마와 번뇌를
일체 모두 꺾어 멸하도다.

보살의 큰 자비는
마치 두터운 구름 같아서
삼명은 번갯불을 일으키고
신족은 천둥 치는 소리이며

널리 네 가지 변재로써
팔공덕수의 비를 내리니
일체를 흡족히 적시어
번뇌의 열을 없애게 하도다.

보살정법성
菩薩正法城이

반야이위장
般若以爲牆하고

참괴위심참
慚愧爲深塹하고

지혜위각적
智慧爲却敵하며

광개해탈문
廣開解脫門하고

정념항방수
正念恒防守하며

사제탄왕도
四諦坦王道하고

육통집병장
六通集兵仗하며

부건대법당
復建大法幢하야

주회변기하
周迴徧其下하니

삼유제마중
三有諸魔衆이

일체무능입
一切無能入이로다

보살은 바른 법의 성이라
반야가 담장이 되고
부끄러움이 깊은 해자가 되고
지혜는 망루가 되며

해탈의 문을 널리 열고
바른 생각이 항상 막고 지키며
사성제로 왕도를 평탄하게 하고
육통으로 병장기를 모으며

다시 큰 법의 당기를 세우고
그 아래 두루 결집하였으니
삼유의 모든 마의 무리들이
일체가 들어올 수 없도다.

보살가루라　　　　　여의위견족
菩薩迦樓羅가　　　　如意爲堅足하며

방편용맹시　　　　　자비명정안
方便勇猛翅와　　　　慈悲明淨眼으로

주일체지수　　　　　관삼유대해
住一切智樹하야　　　觀三有大海하고

박촬천인룡　　　　　안치열반안
搏撮天人龍하야　　　安置涅槃岸이로다

보살정법일　　　　　출현어세간
菩薩正法日이　　　　出現於世間하니

계품원만륜　　　　　신족속질행
戒品圓滿輪이며　　　神足速疾行이라

보살은 가루라 왕이라
여의는 견고한 발이 되고
방편은 용맹한 날개이며
자비는 밝고 깨끗한 눈이로다.

일체 지혜의 나무에 머물러
삼유의 큰 바다를 관하여
하늘과 인간의 용을 잡아내어
열반의 언덕에 편안히 두도다.

보살의 바른 법의 해가
세간에 출현하니
계품은 원만한 바퀴이며
신족은 빠른 행이라

조이지혜광
照以智慧光하고

장제근력약
長諸根力藥하야

멸제번뇌암
滅除煩惱闇하며

소갈애욕해
消竭愛欲海로다

보살지광월
菩薩智光月이

법계이위륜
法界以爲輪하야

유어필경공
遊於畢竟空하니

세간무불견
世間無不見이라

삼계식심내
三界識心內에

수시유증감
隨時有增減이나

이승성수중
二乘星宿中엔

일체무주필
一切無儔匹이로다

지혜의 광명으로 비추니
모든 근과 힘의 약초가 자라서
번뇌의 어두움을 멸해 없애고
애욕의 바다를 말려 버리도다.

보살은 지혜 광명의 달이라
법계로 바퀴가 되어
필경의 허공에 떠다니니
세간이 보지 못함이 없음이라

삼계의 식심 안에서
때를 따라 늘어나고 줄어듦이 있으나
이승의 별들 가운데에는
일체 짝할 이가 없도다.

보살대법왕
菩薩大法王의

공덕장엄신
功德莊嚴身이

상호개구족
相好皆具足하니

인천실첨앙
人天悉瞻仰이라

방편청정목
方便淸淨目과

지혜금강저
智慧金剛杵로

어법득자재
於法得自在하야

이도화군생
以道化羣生이로다

보살대범왕
菩薩大梵王이

자재초삼유
自在超三有하야

업혹실개단
業惑悉皆斷하고

자사미불구
慈捨靡不具라

보살은 큰 법왕이라
공덕으로 장엄한 몸에
상호를 다 구족하니
사람과 천신들이 모두 우러러보도다.

방편의 청정한 눈과
지혜의 금강저로
법에 자재함을 얻어
도로써 군생들을 교화하도다.

보살은 대범천왕이라
자재하게 삼유를 초월하여
업과 미혹을 모두 다 끊고
자애와 평정을 갖추지 않음이 없도다.

처처시현신
處處示現身하야

개오이법음
開悟以法音하야

어피삼계중
於彼三界中에

발제사견근
拔諸邪見根이로다

보살자재천
菩薩自在天이

초과생사지
超過生死地하니

경계상청정
境界常淸淨이라

지혜무퇴전
智慧無退轉하며

절피하승도
絶彼下乘道하고

수제관정법
受諸灌頂法하야

공덕지혜구
功德智慧具하니

명칭미불문
名稱靡不聞이로다

곳곳마다 몸을 나타내 보여
법의 음성으로 깨우치며
저 삼계 가운데에
모든 사견의 뿌리를 뽑도다.

보살은 자재천이라
생사의 지위를 초월하여
경계가 항상 청정하고
지혜가 물러남이 없으며

저 아래 수레의 도를 끊고
모든 관정의 법을 받아
공덕과 지혜를 갖추니
명성이 들리지 않음이 없도다.

보살지혜심
菩薩智慧心이

청정여허공
淸淨如虛空하야

무성무의처
無性無依處하니

일체불가득
一切不可得이라

유대자재력
有大自在力하야

능성세간사
能成世間事하며

자구청정행
自具淸淨行하고

영중생역연
令衆生亦然이로다

보살방편지
菩薩方便地가

요익제중생
饒益諸衆生하고

보살자비수
菩薩慈悲水가

한척제번뇌
澣滌諸煩惱하며

보살의 지혜 마음은
청정하기가 허공과 같아서
성품도 없고 의지할 곳도 없으니
일체를 얻을 수 없도다.

크게 자재한 힘이 있어
세간의 일을 능히 이루며
스스로 청정한 행을 갖추고
중생들도 또한 그러하게 하도다.

보살의 방편의 땅은
모든 중생들을 요익하게 하고
보살의 자비의 물은
모든 번뇌를 씻어 버리며

보살지혜화　　　　　소제혹습신
　　　菩薩智慧火가　　　**燒諸惑習薪**하고

　　　보살무주풍　　　　　유행삼유공
　　　菩薩無住風이　　　**遊行三有空**이로다

　　　보살여진보　　　　　능제빈궁액
　　　菩薩如珍寶하야　　**能濟貧窮厄**하고

　　　보살여금강　　　　　능최전도견
　　　菩薩如金剛하야　　**能摧顚倒見**하며

　　　보살여영락　　　　　장엄삼유신
　　　菩薩如瓔珞하야　　**莊嚴三有身**하고

　　　보살여마니　　　　　증장일체행
　　　菩薩如摩尼하야　　**增長一切行**하며

보살의 지혜의 불은
모든 미혹과 습기의 섶을 태워 버리고
보살의 머무름 없는 바람은
삼유의 허공에 흘러 다니도다.

보살은 진귀한 보배와 같아서
능히 빈궁한 액난을 구제하고
보살은 금강과 같아서
뒤바뀐 소견을 능히 깨뜨리며

보살은 영락과 같아서
삼유의 몸을 장엄하고
보살은 마니와 같아서
일체 행을 증장하며

보살덕여화
菩薩德如華하야

상발보리분
常發菩提分하고

보살원여만
菩薩願如鬘하야

항계중생수
恒繫衆生首하며

보살정계향
菩薩淨戒香을

견지무결범
堅持無缺犯하고

보살지도향
菩薩智塗香으로

보훈어삼계
普熏於三界하며

보살력여장
菩薩力如帳하야

능차번뇌진
能遮煩惱塵하고

보살지여당
菩薩智如幢하야

능최아만적
能摧我慢敵하며

보살의 덕은 꽃과 같아서
항상 보리 부분을 피우고
보살의 서원은 화만과 같아서
항상 중생의 머리를 매어주며

보살은 깨끗한 계의 향을
굳게 지니어 범함이 없고
보살은 지혜의 바르는 향으로
널리 삼계에 풍기며

보살의 힘은 휘장과 같아서
능히 번뇌의 티끌을 막고
보살의 지혜는 당기와 같아서
능히 아만의 적을 꺾으며

묘행위증채 　　　　　　　장엄어지혜
妙行爲繒綵하야　　　　**莊嚴於智慧**하고

참괴작의복 　　　　　　　보부제군생
慚愧作衣服하야　　　　**普覆諸羣生**이로다

보살무애승 　　　　　　　건지출삼계
菩薩無礙乘이　　　　　**巾之出三界**하고

보살대력상 　　　　　　　기심선조복
菩薩大力象이　　　　　**其心善調伏**하며

보살신족마 　　　　　　　등보초제유
菩薩神足馬가　　　　　**騰步超諸有**하고

보살설법룡 　　　　　　　보우중생심
菩薩說法龍이　　　　　**普雨衆生心**이로다

미묘한 행은 비단이 되어
지혜를 장엄하고
부끄러움은 의복이 되어
모든 군생들을 널리 덮도다.

보살은 걸림 없는 수레이니
꾸미어 삼계에서 뛰어나며
보살은 큰 힘의 코끼리이니
그 마음이 잘 조복되었고

보살은 신통이 뛰어난 말이니
높이 뛰어 모든 존재를 초월하며
보살은 법을 설하는 용이니
중생의 마음에 널리 비내리도다.

보살우담화		세간난치우
菩薩優曇華가		世間難値遇요

보살대용장		중마실항복
菩薩大勇將이		衆魔悉降伏하며

보살전법륜		여불지소전
菩薩轉法輪이		如佛之所轉이요

보살등파암		중생견정도
菩薩燈破闇에		衆生見正道하며

보살공덕하		항순정도류
菩薩功德河가		恒順正道流하고

보살정진교		광도제군품
菩薩精進橋가		廣度諸羣品하며

보살은 우담바라 꽃이니
세간에서 만나기 어렵고
보살은 크게 용맹한 장수이니
온갖 마를 모두 항복 받도다.

보살의 법륜 굴림은
부처님께서 굴리시는 바와 같고
보살의 등불은 어둠을 깨뜨려
중생들이 바른 길을 보도다.

보살의 공덕의 강물은
항상 바른 길을 따라 흐르고
보살의 정진하는 다리는
모든 중생들을 널리 건너게 하며

대지여홍서
大智與弘誓로
공작견뢰선
共作堅牢船하야

인접제중생
引接諸衆生하야
안치보리안
安置菩提岸하며

보살유희원
菩薩遊戲園이
진실락중생
眞實樂衆生하고

보살해탈화
菩薩解脫華가
장엄지궁전
莊嚴智宮殿하며

보살여묘약
菩薩如妙藥하야
멸제번뇌병
滅除煩惱病하고

보살여설산
菩薩如雪山하야
출생지혜약
出生智慧藥이로다

큰 지혜와 넓은 서원으로
함께 견고한 배를 만들어
모든 중생들을 인도하여
보리의 언덕에 편안히 두며

보살의 유희하는 동산은
진실로 중생들을 즐겁게 하고
보살의 해탈의 꽃은
지혜의 궁전을 장엄하도다.

보살은 신묘한 약과 같아서
번뇌의 병을 멸하여 없애고
보살은 설산과 같아서
지혜의 약을 길러 내도다.

보살등어불	각오제군생
菩薩等於佛하야	覺悟諸羣生하나니

불심기유타	정각각세간
佛心豈有他리오	正覺覺世間이시니라

여불지소래	보살여시래
如佛之所來하야	菩薩如是來며

역여일체지	이지입보문
亦如一切智하야	以智入普門이로다

보살선개도	일체제군생
菩薩善開導	一切諸羣生하며

보살자연각	일체지경계
菩薩自然覺	一切智境界로다

보살은 부처님과 동등하여
모든 군생들을 깨우치니
부처님 마음이 어찌 다른 데 있으리오
정각으로 세간을 깨닫게 하시니라.

부처님께서 오신 바와 같이
보살도 이와 같이 오며
또한 일체 지혜와 같아서
지혜로 넓은 문에 들어가도다.

보살은 일체 모든 군생들을
잘 인도하며
보살은 일체지의 경계를
자연히 깨닫도다.

보살무량력   세간막능괴
菩薩無量力을   世間莫能壞며

보살무외지   지중생급법
菩薩無畏智로   知衆生及法이로다

일체제세간   색상각차별
一切諸世間에   色相各差別과

음성급명자   실능분별지
音聲及名字를   悉能分別知로다

수리어명색   이현종종상
雖離於名色이나   而現種種相하니

일체제중생   막능측기도
一切諸衆生이   莫能測其道로다

보살의 한량없는 힘은
세간에서 무너뜨릴 수 없으며
보살은 두려움 없는 지혜로
중생과 법을 알도다.

일체 모든 세간의
색상이 각각 차별함과
음성과 그리고 이름을
모두 능히 분별하여 알도다.

비록 이름과 색을 여의었으나
갖가지 모양을 나타내니
일체 모든 중생들이
그 도를 헤아릴 수 없도다.

여시등공덕
如是等功德을

보살실성취
菩薩悉成就호대

요성개무성
了性皆無性하야

유무무소착
有無無所著이로다

여시일체지
如是一切智가

무진무소의
無盡無所依니

아금당연설
我今當演說하야

영중생환희
令衆生歡喜호리라

수지제법상
雖知諸法相이

여환실공적
如幻悉空寂이나

이이비원심
而以悲願心과

급불위신력
及佛威神力으로

이와 같은 등의 공덕을
보살은 모두 성취하되
성품이 다 성품 없음을 알아서
있고 없음에 집착하는 바가 없도다.

이와 같은 일체지가
다함도 없고 의지하는 바도 없으니
내가 이제 마땅히 연설하여
중생들이 환희하게 하리라.

비록 모든 법의 모양이
환과 같이 모두 공적함을 알지만
가엾게 여기는 서원의 마음과
그리고 부처님의 위신력으로

현신통변화　　　　　종종무량사
現神通變化와　　　**種種無量事**하나니

여시제공덕　　　　　여등응청수
如是諸功德을　　　**汝等應聽受**어다

일신능시현　　　　　무량차별신
一身能示現　　　　**無量差別身**하야

무심무경계　　　　　보응일체중
無心無境界로대　　**普應一切衆**이로다

일음중구연　　　　　일체제언음
一音中具演　　　　**一切諸言音**하야

중생어언법　　　　　수류개능작
衆生語言法을　　　**隨類皆能作**이로다

신통과 변화와
갖가지 한량없는 일을 나타내니
이와 같은 모든 공덕을
그대들은 마땅히 들을지어다.

한 몸이 능히
한량없는 차별한 몸을 나타내 보여
마음도 없고 경계도 없으나
일체 중생에게 널리 응하도다.

한 음성 가운데
일체 모든 말을 갖추어 펴서
중생들의 말하는 법을
부류를 따라 모두 능히 짓도다.

영리번뇌신
永離煩惱身하고

이현자재신
而現自在身하며

지법불가설
知法不可說호대

이작종종설
而作種種說이로다

기심상적멸
其心常寂滅하야

청정여허공
淸淨如虛空호대

이보장엄찰
而普莊嚴刹하야

시현일체중
示現一切衆이로다

어신무소착
於身無所著이나

이능시현신
而能示現身하야

일체세간중
一切世間中에

수응이수생
隨應而受生이로다

번뇌의 몸을 길이 떠나고
자재한 몸을 나타내며
법은 말할 수 없음을 알지만
갖가지 말을 하도다.

그 마음이 항상 적멸하여
청정하기가 허공과 같으나
널리 세계를 장엄하여
일체 중생에게 나타내 보이도다.

몸에 집착하는 바가 없으나
능히 몸을 나타내 보이어
일체 세간 가운데서
마땅함을 따라 태어나도다.

수생일체처 역부주수생
雖生一切處나 **亦不住受生**하야

지신여허공 종종수심현
知身如虛空호대 **種種隨心現**이로다

보살신무변 보현일체처
菩薩身無邊하야 **普現一切處**하야

상공경공양 최승양족존
常恭敬供養 **最勝兩足尊**이로다

향화중기악 당번급보개
香華衆妓樂과 **幢幡及寶蓋**를

항이심정심 공양어제불
恒以深淨心으로 **供養於諸佛**이로다

비록 일체 처에 태어나지만
또한 태어남에 머무르지 않으며
몸이 허공 같음을 알지만
갖가지로 마음을 따라 나타나도다.

보살의 몸은 가없어서
일체 처에 널리 나타내어
가장 수승하신 양족존께
항상 공경하고 공양올리도다.

향과 꽃과 온갖 기악과
당기와 번기와 보배 일산을
항상 깊고 깨끗한 마음으로
모든 부처님께 공양올리도다.

불리일불회
不離一佛會하고

보재제불소
普在諸佛所하야

어피대중중
於彼大衆中에

문난청수법
問難聽受法이로다

문법입삼매
聞法入三昧에

일일무량문
一一無量門이며

기정역부연
起定亦復然하야

시현무궁진
示現無窮盡이로다

지혜교방편
智慧巧方便으로

요세개여환
了世皆如幻호대

이능현세간
而能現世間의

무변제환법
無邊諸幻法이로다

한 부처님 회상을 떠나지 않고
널리 모든 부처님 처소에 있으면서
그 대중들 가운데서
법을 묻기도 하고 듣기도 하도다.

법을 듣고 삼매에 듦에
낱낱이 한량없는 문이며
선정에서 일어남도 또한 그러하여
끝까지 다함없음을 나타내 보이도다.

지혜와 교묘한 방편으로
세간이 다 환과 같음을 알되
능히 세간의
가없는 모든 환의 법을 나타내도다.

시현종종색
示現種種色하고

역현심급어
亦現心及語하야

입제상망중
入諸想網中호대

이항무소착
而恒無所著이로다

혹현초발심
或現初發心하야

이익어세간
利益於世間하며

혹현구수행
或現久修行의

광대무변제
廣大無邊際하니

시계인정진
施戒忍精進과

선정급지혜
禪定及智慧와

사범사섭등
四梵四攝等의

일체최승법
一切最勝法이로다

갖가지 형상을 나타내 보이고
또한 마음과 말도 나타내며
모든 생각의 그물 가운데 들어가되
항상 집착하는 바가 없도다.

혹은 처음으로 발심함을 나타내어
세간을 이익하게 하며
혹은 오랜 수행의
넓고 크고 끝없는 경계를 나타내니

보시와 지계와 인욕과 정진과
선정과 그리고 지혜와
네 가지 범행과 네 가지 거두어 주는 등
일체 가장 수승한 법이로다.

혹현행성만
或現行成滿에
득인무분별
得忍無分別하고

혹현일생계
或現一生繫에
제불여관정
諸佛與灌頂이로다

혹현성문상
或現聲聞相하고
혹부현연각
或復現緣覺하야

처처반열반
處處般涅槃호대
불사보리행
不捨菩提行하며

혹현위제석
或現爲帝釋하고
혹현위범왕
或現爲梵王하며

혹천녀위요
或天女圍遶하고
혹시독연묵
或時獨宴黙하며

혹은 행이 원만히 이루어짐에
지혜를 얻어서 분별 없음을 나타내고
혹은 일생 동안 얽매임에
모든 부처님께서 관정 주심을 나타내도다.

혹은 성문의 모습을 나타내고
혹은 다시 연각을 나타내어
처처에서 열반에 들지만
보리의 행을 버리지 아니하며

혹은 제석이 됨을 나타내고
혹은 범왕이 됨을 나타내며
혹은 천녀들이 둘러싸고
혹은 때로 홀로 고요히 있으며

혹현위비구
或現爲比丘하야

적정조기심
寂靜調其心하고

혹현자재왕
或現自在王하야

통리세간법
統理世間法하며

혹현교술녀
或現巧術女하고

혹현수고행
或現修苦行하며

혹현수오욕
或現受五欲하고

혹현입제선
或現入諸禪하며

혹현초시생
或現初始生하고

혹소혹노사
或少或老死하나니

약유사의자
若有思議者면

심의발광란
心疑發狂亂이로다

혹은 비구가 됨을 나타내어
적정하게 그 마음을 조복하고
혹은 자재왕을 나타내어
세간 법을 다스리며

혹은 교묘한 요술쟁이 여자를 나타내고
혹은 고행 닦음을 나타내며
혹은 오욕 받음을 나타내고
혹은 모든 선정에 들어감을 나타내며

혹은 처음 비로소 태어남을 나타내고
혹은 젊고 혹은 늙어 죽으니
만약 생각함이 있는 자면
마음이 의혹하여 광란을 일으키리라.

혹현재천궁
或現在天宮하고

혹현시강신
或現始降神하며

혹입혹주태
或入或住胎하야

성불전법륜
成佛轉法輪하며

혹생혹열반
或生或涅槃하고

혹현입학당
或現入學堂하며

혹재채녀중
或在采女中하고

혹리속수선
或離俗修禪하며

혹좌보리수
或坐菩提樹하야

자연성정각
自然成正覺하며

혹현전법륜
或現轉法輪하고

혹현시구도
或現始求道하며

혹은 천궁에 있음을 나타내고
혹은 처음 내려옴을 나타내며
혹은 태에 들고 혹은 머물러서
성불하여 법륜을 굴리도다.

혹은 태어나고 혹은 열반하고
혹은 학당에 들어감을 나타내며
혹은 채녀들 가운데 있고
혹은 세속을 떠나 선정을 닦으며

혹은 보리수에 앉아서
자연히 정각을 이루며
혹은 법륜 굴림을 나타내고
혹은 비로소 도 구함을 나타내며

혹현위불신
或現爲佛身하야

연좌무량찰
宴坐無量刹하며

혹수불퇴도
或修不退道하야

적집보리구
積集菩提具로다

심입무수겁
深入無數劫하야

개실도피안
皆悉到彼岸하니

무량겁일념
無量劫一念이요

일념무량겁
一念無量劫이로다

일체겁비겁
一切劫非劫이로대

위세시현겁
爲世示現劫하니

무래무적집
無來無積集이나

성취제겁사
成就諸劫事로다

혹은 부처님 몸이 됨을 나타내어
한량없는 세계에 고요히 앉으며
혹은 물러나지 않는 도를 닦아서
보리의 도구를 쌓아 모으도다.

수없는 겁에 깊이 들어가서
모두 다 피안에 이르니
한량없는 겁이 한 생각이고
한 생각이 한량없는 겁이로다.

일체 겁이 겁이 아니지만
세상을 위해 겁을 나타내 보이니
옴도 없고 쌓아 모음도 없으나
모든 겁의 일을 성취하도다.

어일미진중
於一微塵中에

보견일체불
普見一切佛이

시방일체처
十方一切處에

무처이불유
無處而不有로다

국토중생법
國土衆生法을

차제실개견
次第悉皆見하야

경무량겁수
經無量劫數토록

구경불가진
究竟不可盡이로다

보살지중생
菩薩知衆生의

광대무유변
廣大無有邊한

피일중생신
彼一衆生身도

무량인연기
無量因緣起하나니

한 미진 가운데서
널리 일체 부처님을 보니
시방의 일체 처에
곳마다 계시지 않음이 없도다.

국토와 중생의 법을
차례로 모두 다 보아서
한량없는 겁의 수를 지나더라도
끝까지 다할 수 없도다.

보살은 중생들이
광대하여 끝이 없는데
저 한 중생의 몸도
한량없는 인연으로 생겼음을 알도다.

여지일무량
如知一無量하야

일체실역연
一切悉亦然이라

수기소통달
隨其所通達하야

교제미학자
教諸未學者호대

실지중생근
悉知衆生根의

상중하부동
上中下不同하며

역지근전이
亦知根轉移에

응화불응화
應化不應化로다

일근일체근
一根一切根의

전전인연력
展轉因緣力이

미세각차별
微細各差別호대

차제무착란
次第無錯亂하며

하나가 한량없음을 알듯이
일체도 모두 또한 그러함이라
그 통달한 바를 따라서
모든 아직 배우지 못한 자들을 가르치되

중생들 근기의
상·중·하가 같지 않음을 모두 알며
또한 근기가 변하고 바뀌어도
교화하고 교화하지 못할 것을 알도다.

한 근과 일체 근의
거듭되는 인연의 힘이
미세하게 각각 차별하되
차례로 혼란하고 어지러움이 없으며

우지기욕해
又知其欲解와

일체번뇌습
一切煩惱習하며

역지거래금
亦知去來今의

소유제심행
所有諸心行하며

요달일체행
了達一切行의

무래역무거
無來亦無去하고

기지기행이
旣知其行已에

위설무상법
爲說無上法이로다

잡염청정행
雜染淸淨行을

종종실요지
種種悉了知하야

일념득보리
一念得菩提하야

성취일체지
成就一切智하며

또 그 욕망과 이해와
일체 번뇌와 습기를 알며
또한 과거와 미래와 현재의
있는 바 모든 마음 행을 알며

일체 행의 옴도 없고
또한 감도 없음을 밝게 통달하고
그 행을 이미 알고는
위하여 위없는 법을 설하도다.

섞이어 물듦과 청정한 행을
갖가지로 모두 밝게 알아
한 생각에 보리를 얻어
일체지를 성취하며

주불부사의
住佛不思議

구경지혜심
究竟智慧心하야

일념실능지
一念悉能知

일체중생행
一切衆生行이로다

보살신통지
菩薩神通智와

공력이자재
功力已自在하야

능어일념중
能於一念中에

왕예무변찰
往詣無邊刹이로다

여시속질왕
如是速疾往을

진어무수겁
盡於無數劫하야

무처이부주
無處而不周호대

막동호단분
莫動毫端分이로다

부처님의 부사의한
구경의 지혜 마음에 머물러
한 생각에 일체 중생의 행을
모두 능히 알도다.

보살의 신통한 지혜와
공덕의 힘이 이미 자재하여
능히 한 생각 동안에
가없는 세계에 나아가도다.

이와 같이 빨리 가기를
수없는 겁을 다하도록 하여
곳마다 두루하지 않음이 없되
털끝만큼도 움직이지 않도다.

비여공환사　　　　　시현종종색
譬如工幻師가　　　**示現種種色**호대

어피환중구　　　　　무색무비색
於彼幻中求하면　　**無色無非色**인달하야

보살역여시　　　　　이방편지환
菩薩亦如是하야　　**以方便智幻**으로

종종개시현　　　　　충만어세간
種種皆示現하야　　**充滿於世間**이로다

비여정일월　　　　　교경재허공
譬如淨日月이　　　**皎鏡在虛空**하야

영현어중수　　　　　불위수소잡
影現於衆水호대　　**不爲水所雜**인달하야

비유하면 요술쟁이가
갖가지 색을 나타내 보이되
그 환술 속에서 구하면
색도 없고 색 아님도 없듯이

보살도 또한 이와 같아서
방편과 지혜의 환술로
갖가지를 다 나타내 보여
세간에 가득하도다.

비유하면 깨끗한 해와 달이
허공에 있으면서 밝게 비치어
온갖 물에 그림자를 나타내지만
물에 섞이는 바가 되지 않듯이

보살정법륜
菩薩淨法輪도

당지역여시
當知亦如是하야

현세간심수
現世間心水호대

불위세소잡
不爲世所雜이로다

여인수몽중
如人睡夢中에

조작종종사
造作種種事하야

수경억천세
雖經億千歲나

일야미종진
一夜未終盡인달하야

보살주법성
菩薩住法性하야

시현일체사
示現一切事에

무량겁가극
無量劫可極이나

일념지무진
一念智無盡이로다

보살의 깨끗한 법륜도
마땅히 알라, 또한 이와 같아서
세간의 마음 물에 나타나되
세간에 섞이는 바가 되지 않도다.

마치 사람이 꿈속에서
갖가지 일을 지어 만들어 내며
비록 억천 년을 지낸다 하더라도
하룻밤도 마침내 다하지 않은 것처럼

보살이 법의 성품에 머물러서
일체 일을 나타내 보이며
한량없는 겁을 다한다 해도
한 생각의 지혜는 다함이 없도다.

비여산곡중
譬如山谷中과

급이궁전간
及以宮殿間에

종종개향응
種種皆響應호대

이실무분별
而實無分別인달하야

보살주법성
菩薩住法性하야

능이자재지
能以自在智로

광출수류음
廣出隨類音도

역부무분별
亦復無分別이로다

여유견양염
如有見陽燄하고

상지이위수
想之以爲水하야

치축부득음
馳逐不得飮일새

전전갱증갈
展轉更增渴인달하야

비유하면 산골짜기와
궁전 사이에서
갖가지로 다 메아리가 울리되
실제로는 분별이 없듯이

보살이 법의 성품에 머물러
능히 자재한 지혜로
널리 부류를 따라 음성을 냄도
또한 다시 분별이 없도다.

마치 어떤 이가 아지랑이를 보고
그것을 물이라고 생각하여
달려가지만 마실 수 없으니
더욱 더 다시 목마름만 더하듯이

중생번뇌심
衆生煩惱心도

응지역여시
應知亦如是일새

보살기자민
菩薩起慈愍하야

구지영출리
救之令出離로다

관색여취말
觀色如聚沫하며

수여수상포
受如水上泡하며

상여열시염
想如熱時燄하며

제행여파초
諸行如芭蕉하며

심식유여환
心識猶如幻호대

시현종종사
示現種種事하나니

여시지제온
如是知諸蘊하야

지자무소착
智者無所著이로다

중생의 번뇌 마음도
마땅히 알라, 또한 이와 같으니
보살이 자비심을 일으켜서
그들을 구제하여 벗어나게 하도다.

물질은 마치 물거품 모인 것과 같고
느낌은 물 위에 뜬 거품과 같으며
생각은 아지랑이와 같으며
모든 행은 파초와 같으며

심식은 비유하면 환과 같지만
갖가지 일을 나타내 보임을 관찰하니
이와 같이 모든 온을 알아서
지혜 있는 자는 집착하는 바가 없도다.

제처실공적
諸處悉空寂이나

여기관동전
如機關動轉하며

제계성영리
諸界性永離나

망현어세간
妄現於世間하나니

보살주진실
菩薩住眞實의

적멸제일의
寂滅第一義하야

종종광선창
種種廣宣暢호대

이심무소의
而心無所依로다

무래역무거
無來亦無去하며

역부무유주
亦復無有住호대

번뇌업고인
煩惱業苦因의

삼종항유전
三種恒流轉이로다

모든 처가 다 공적하지만
마치 기관이 돌아가는 듯하며
모든 계는 성품을 길이 여의었으나
허망하게 세간에 나타나니

보살이 진실한
적멸의 제일가는 이치에 머물러서
갖가지로 널리 선양하되
마음은 의지하는 바가 없도다.

옴도 없고 또한 감도 없으며
또한 다시 머무름도 없지만
번뇌와 업과 괴로움의 원인
세 가지가 항상 유전하도다.

연기비유무
緣起非有無며

비실역비허
非實亦非虛니

여시입중도
如是入中道하야

설지무소착
說之無所著이로다

능어일념중
能於一念中에

보현삼세심
普現三世心과

욕색무색계
欲色無色界의

일체종종사
一切種種事로다

수순삼율의
隨順三律儀하야

연설삼해탈
演說三解脫하며

건립삼승도
建立三乘道하야

성취일체지
成就一切智로다

연기는 있는 것도 없는 것도 아니며
진실한 것도 아니고 허망한 것도 아니니
이와 같이 중도에 들어가서
설하나 집착하는 바가 없도다.

능히 한 생각 가운데
널리 삼세의 마음과
욕계와 색계와 무색계의
일체 갖가지 일을 널리 나타내도다.

세 가지 율의를 수순하여
세 가지 해탈을 연설하고
삼승의 길을 건립하여
일체지를 성취하도다.

| 요달처비처 | 제업급제근 |
| 了達處非處와 | 諸業及諸根과 |

| 계해여선정 | 일체지처도 |
| 界解與禪定과 | 一切至處道와 |

| 숙명념천안 | 멸제일체혹 |
| 宿命念天眼과 | 滅除一切惑하야 |

| 지불십종력 | 이미능성취 |
| 知佛十種力호대 | 而未能成就로다 |

| 요달제법공 | 이상구묘법 |
| 了達諸法空호대 | 而常求妙法하며 |

| 불여번뇌합 | 이역부진루 |
| 不與煩惱合호대 | 而亦不盡漏로다 |

옳은 도리와 그른 도리와
모든 업과 그리고 모든 근과
경계와 지혜와 선정과
일체 이르러 갈 길과

지난 세상을 아는 생각과 하늘눈과
일체 의혹 없앰을 밝게 통달하여
부처님의 열 가지 힘을 알되
아직 능히 성취하지 못함이로다.

모든 법이 공함을 밝게 통달하되
미묘한 법을 항상 구하며
번뇌와 더불어 합하지 않되
또한 번뇌를 다하지도 않도다.

광지출리도
廣知出離道호대

이이도중생
而以度眾生이라

어차득무외
於此得無畏하야

불사수제행
不捨修諸行이로다

무류무위도
無謬無違道하며

역불실정념
亦不失正念호대

정진욕삼매
精進欲三昧에

관혜무손감
觀慧無損減이로다

삼취개청정
三聚皆淸淨하며

삼세실명달
三世悉明達호대

대자민중생
大慈愍眾生하야

일체무장애
一切無障礙로다

벗어나는 길을 널리 알되
중생들을 제도하며
이에 두려움 없음을 얻어서
모든 행 닦음을 버리지 않도다.

도에 그릇됨도 없고 어김도 없으며
또한 바른 생각을 잃지도 않아서
정진하여 삼매를 얻으려고
관하는 지혜가 줄어듦이 없도다.

삼취가 다 청정하며
삼세를 모두 밝게 통달하고
대자로 중생을 애민하게 여기어
일체에 장애가 없도다.

유입차법문　　　　　득성여시행
由入此法門하야　　　得成如是行하나니

아설기소분　　　　　공덕장엄의
我說其少分의　　　　功德莊嚴義로다

궁어무수겁　　　　　설피행무진
窮於無數劫토록　　　說彼行無盡이니

아금설소분　　　　　여대지일진
我今說少分이　　　　如大地一塵이로다

의어불지주　　　　　기어기특상
依於佛智住하야　　　起於奇特想하며

수행최승행　　　　　구족대자비
修行最勝行하야　　　具足大慈悲로다

이 법문에 들어감을 말미암아
이와 같은 행을 이루니
내가 그 조금이나마
공덕으로 장엄한 뜻을 말함이로다.

한량없는 겁을 다하도록
저 행을 말하여도 다함없으니
내가 지금 조금 말한 것은
마치 대지의 한 티끌과 같도다.

부처님의 지혜를 의지하여 머물러서
기특한 생각을 일으키며
가장 수승한 행을 닦아 행하여
큰 자비를 갖추었도다.

정근자안은
精勤自安隱하야
교화제함식
敎化諸含識하며

안주정계중
安住淨戒中하야
구제수기행
具諸授記行이로다

능입불공덕
能入佛功德하야
중생행급찰
衆生行及刹과

겁세실역지
劫世悉亦知호대
무유피염상
無有疲厭想이로다

차별지총지
差別智總持로
통달진실의
通達眞實義하야

사유설무비
思惟說無比인
적정등정각
寂靜等正覺이로다

부지런히 정진하니 스스로 편안하여
모든 함식들을 교화하며
깨끗한 계율에 편안히 머물러
모든 수기의 행을 갖추었도다.

부처님의 공덕에 능히 들어가
중생의 행과 세계와
겁과 세간을 모두 또한 알지만
피로해하거나 싫어하는 생각이 없도다.

차별한 지혜와 총지로
진실한 이치를 통달하여
사유와 언설로 비길 데 없는
고요한 등정각이로다.

발어보현심
發於普賢心하며

급수기행원
及修其行願하야

자비인연력
慈悲因緣力으로

취도의청정
趣道意淸淨이로다

수행바라밀
修行波羅蜜하며

구경수각지
究竟隨覺智하며

증지력자재
證知力自在하야

성무상보리
成無上菩提로다

성취평등지
成就平等智하며

연설최승법
演說最勝法하며

능지구묘변
能持具妙辯하야

체득법왕처
逮得法王處로다

보현의 마음을 내고
그 행과 원을 닦아서
자비와 인연의 힘으로
도에 나아가는 뜻이 청정하도다.

바라밀을 닦아 행하고
구경에 깨달음의 지혜를 따르며
힘이 자재함을 증득해 알아
위없는 보리를 이루도다.

평등한 지혜를 성취하며
가장 수승한 법을 연설하며
구족한 미묘한 변재를 능히 지니어
법왕의 처소에 이르게 되도다.

원리어제착
遠離於諸著하야

연설심평등
演說心平等하며

출생어지혜
出生於智慧하야

변화득보리
變化得菩提로다

주지일체겁
住持一切劫에

지자대흔위
智者大欣慰라

심입급의지
深入及依止호대

무외무의혹
無畏無疑惑이로다

요달부사의
了達不思議하야

교밀선분별
巧密善分別하며

선입제삼매
善入諸三昧하야

보견지경계
普見智境界로다

모든 집착을 멀리 여의고
마음이 평등함을 연설하여
지혜를 내어
변화하여 보리를 얻도다.

일체 겁에 머무름에
지혜 있는 자는 크게 기쁘고 편안하며
깊이 들어가고 의지하되
두려움이 없고 의혹도 없도다.

부사의함을 밝게 통달하여
교묘하고 정밀하게 잘 분별하며
모든 삼매에 잘 들어가
지혜의 경계를 널리 보도다.

구경제해탈
究竟諸解脫하며

유희제통명
遊戱諸通明하야

전박실영리
纏縛悉永離하고

원림자유처
園林恣遊處로다

백법위궁전
白法爲宮殿에

제행가흔락
諸行可欣樂이라

현무량장엄
現無量莊嚴하야

어세심무동
於世心無動이로다

심심선관찰
深心善觀察하며

묘변능개연
妙辯能開演하야

청정보리인
淸淨菩提印의

지광조일체
智光照一切로다

모든 해탈을 얻고
모든 신통과 밝음에 유희하며
얽힘과 속박을 모두 길이 떠나고
동산의 숲에서 마음대로 노닐도다.

흰 법으로 궁전을 삼아
모든 행이 기쁘고 즐거움이라
한량없는 장엄을 나타내니
세상에 마음이 흔들리지 않도다.

깊은 마음으로 잘 관찰하고
미묘한 변재로 능히 열어 펴며
청정한 보리 도장의
지혜 광명이 일체를 비추도다.

소주무등비
所住無等比하야

기심불하열
其心不下劣하니

입지여대산
立志如大山하며

종덕약심해
種德若深海로다

여보안주법
如寶安住法과

피갑서원심
被甲誓願心으로

발기어대사
發起於大事하야

구경무능괴
究竟無能壞로다

득수보리기
得授菩提記하고

안주광대심
安住廣大心하야

비장무궁진
祕藏無窮盡하야

각오일체법
覺悟一切法이로다

머무르는 곳은 동등히 견줄 데 없고
그 마음은 하열하지 않으며
세운 뜻은 큰 산과 같고
심은 공덕은 깊은 바다와 같도다.

보배와 같은 편안히 머무르는 법과
갑옷을 입은 서원의 마음으로
큰일을 일으켜서
구경에 무너뜨릴 수 없도다.

보리의 수기를 받고
광대한 마음에 편안히 머무르며
비밀한 창고가 끝까지 다함이 없어
일체 법을 깨달았도다.

세지개자재
世智皆自在하고

묘용무장애
妙用無障礙하야

중생일체찰
衆生一切刹과

급이종종법
及以種種法과

신원여경계
身願與境界와

지혜신통등
智慧神通等을

시현어세간
示現於世間이

무량백천억
無量百千億이로다

유희급경계
遊戲及境界가

자재무능제
自在無能制하야

역무외불공
力無畏不共과

일체업장엄
一切業莊嚴이로다

세상의 지혜가 다 자재하고
미묘한 작용은 장애가 없어서
중생과 일체 국토와
그리고 갖가지 법과

몸과 서원과 더불어 경계와
지혜와 신통 등으로
세간에 나타내 보이는 것이
한량없는 백천억이로다.

유희와 그리고 경계가
자재하여 제어할 수 없고
힘과 두려움 없음과 함께하지 않음과
일체 업으로 장엄하도다.

제신급신업
諸身及身業과

어급정수어
語及淨修語가

이득수호고
以得守護故로

성판십종사
成辨十種事로다

보살심발심
菩薩心發心하며

급이심주변
及以心周徧이라

제근무산동
諸根無散動하야

획득최승근
獲得最勝根이로다

심심증승심
深心增勝心으로

원리어첨광
遠離於諂誑하고

종종결정해
種種決定解로

보입어세간
普入於世間이로다

모든 몸과 그리고 몸의 업과
말과 깨끗이 닦은 말이
수호함을 얻은 까닭으로
열 가지 일을 갖추어 이루도다.

보살의 마음으로 발심하며
그리고 마음이 두루함이라
모든 근이 흔들림이 없어서
가장 수승한 근을 얻도다.

깊은 마음과 더욱 수승한 마음으로
아첨과 속임을 멀리 여의고
갖가지 결정한 지혜로
세간에 널리 들어가도다.

사피번뇌습
捨彼煩惱習하고

취자최승도
取茲最勝道하야

교수사원만
巧修使圓滿하야

체성일체지
逮成一切智로다

이퇴입정위
離退入正位하야

결정증적멸
決定證寂滅하고

출생불법도
出生佛法道하야

성취공덕호
成就功德号로다

도급무량도
道及無量道와

내지장엄도
乃至莊嚴道에

차제선안주
次第善安住호대

실개무소착
悉皆無所著이로다

저 번뇌의 습기를 버리고
이 가장 수승한 도를 취하여
공교하게 닦아 원만하게 하여
일체지를 이룸에 이르도다.

물러남을 여의고 바른 지위에 들어가
결정코 적멸을 증득하고
부처님 법의 길에 출생하여
공덕의 이름을 성취하도다.

도와 및 한량없는 도와
내지 장엄하는 도에
차례로 잘 편안히 머무르되
모두 다 집착하는 바가 없도다.

수족급복장
手足及腹藏에

금강이위심
金剛以爲心하고

피이자애갑
被以慈哀甲하야

구족중기장
具足衆器仗이로다

지수명달안
智首明達眼이요

보리행위이
菩提行爲耳며

청정계위비
淸淨戒爲鼻하야

멸암무장애
滅闇無障礙로다

변재이위설
辯才以爲舌이요

무처부지신
無處不至身이며

최승지위심
最勝智爲心이요

행주수제업
行住修諸業이며

손과 발과 복장과
금강으로 마음이 되어
자애롭고 애민하는 갑옷을 입고
온갖 무기를 갖추었도다.

지혜는 머리이고 밝게 통달함은 눈이고
보리의 행은 귀가 되며
청정한 계는 코가 되어
어두움을 없애어 장애가 없도다.

변재는 혀가 되고
이르지 않는 곳이 없음은 몸이며
가장 수승한 지혜는 마음이 되어
행하고 머무르고 모든 업을 닦으며

도량사자좌
道場師子坐요

범와공위주
梵臥空爲住로다

소행급관찰
所行及觀察하고

보조여래경
普照如來境하며

변관중생행
徧觀衆生行하고

분신급효후
奮迅及哮吼로다

이탐행정시
離貪行淨施하며

사만지정계
捨慢持淨戒하며

부진상인욕
不瞋常忍辱하며

불해항정진
不懈恒精進하며

도량의 사자좌에 앉고
범천에 눕고 허공에 머무르도다.

행하는 바와 그리고 관찰로
여래의 경계를 널리 비추며
중생의 행을 두루 관찰하고
기운을 떨쳐 사자후하도다.

탐욕을 여의고 깨끗한 보시를 행하며
교만을 버리고 청정한 계율을 지니며
성내지 않고 항상 인욕하며
게으르지 않고 항상 정진하며

선정득자재
禪定得自在하며

지혜무소행
智慧無所行하며

자제비무권
慈濟悲無倦하며

희법사번뇌
喜法捨煩惱로다

어제경계중
於諸境界中에

지의역지법
知義亦知法하며

복덕실성만
福德悉成滿하야

지혜여리검
智慧如利劍이로다

보조낙다문
普照樂多聞하야

명료취향법
明了趣向法하며

지마급마도
知魔及魔道하야

서원함사리
誓願咸捨離로다

선정으로 자재함을 얻으며
지혜로 행하는 바가 없으며
자애로 제도하고 가엾게 여김에 게으름 없고
법을 기뻐하고 번뇌를 버리도다.

모든 경계 가운데
뜻을 알고 또한 법을 알며
복덕을 모두 원만히 이루고
지혜는 날카로운 칼과 같도다.

널리 비추어 즐겁게 많이 듣고
밝게 알고 법을 향해 나아가며
마와 마의 길을 알아
모두 버리어 여의기를 서원하도다.

견불여불업
見佛與佛業하고

발심개섭취
發心皆攝取하며

이만수지혜
離慢修智慧하야

불위마력지
不爲魔力持로다

위불소섭지
爲佛所攝持하며

역위법소지
亦爲法所持로다

현주도솔천
現住兜率天하며

우현피명종
又現彼命終하며

시현주모태
示現住母胎하며

역현미세취
亦現微細趣하며

부처님과 부처님의 업을 보고
발심하여 다 거두어 주며
교만을 여의고 지혜를 닦아
마의 힘에 붙들리지 않도다.

부처님의 거두어 주신 바가 되며
또한 법의 지닌 바가 되도다.

도솔천에 머무름을 나타내며
또 거기서 수명 마침을 나타내며
모태에 머무름을 나타내 보이며
또한 미세한 갈래를 나타내도다.

현생급미소
現生及微笑하며

역현행칠보
亦現行七步하며

시수중기술
示修衆技術하며

역시처심궁
亦示處深宮하며

출가수고행
出家修苦行하야

왕예어도량
往詣於道場하며

단좌방광명
端坐放光明하야

각오제군생
覺悟諸羣生하며

항마성정각
降魔成正覺하야

전무상법륜
轉無上法輪하며

소현실이종
所現悉已終에

입어대열반
入於大涅槃이로다

탄생함과 미소를 나타내며
또한 일곱 걸음 걸어감을 나타내며
온갖 기술을 닦음을 보이고
또한 깊은 궁전에 머무름을 보이며

출가하여 고행을 닦고
도량에 나아가서
단정히 앉아 광명을 놓아
모든 군생들을 깨닫게 하며

마를 항복 받고 정각을 이루어
위없는 법륜을 굴리며
나타낼 바를 모두 이미 마침에
큰 열반에 드시도다.

피제보살행 　　무량겁수습
彼諸菩薩行을　　**無量劫修習**하야

광대무유변 　　아금설소분
廣大無有邊하니　**我今說少分**이로다

수령무량중 　　안주불공덕
雖令無量衆으로　**安住佛功德**이나

중생급법중 　　필경무소취
衆生及法中엔　　**畢竟無所取**로다

구족여시행 　　유희제신통
具足如是行하야　**遊戲諸神通**호대

모단치중찰 　　경어억천겁
毛端置衆刹하고　**經於億千劫**이로다

저 모든 보살의 행을
한량없는 겁 동안 닦아 익혀서
광대하여 끝이 없으니
내가 이제 조금 설하였도다.

비록 한량없는 중생들로 하여금
부처님 공덕에 편안히 머무르게 하되
중생과 법에는
끝까지 집착하는 바가 없도다.

이와 같은 행을 구족하여
모든 신통에 유희하되
털끝에 온갖 세계를 두고
억천 겁을 지내도다.

장지무량찰	변왕신무권
掌持無量刹하고	**徧往身無倦**하며

환래치본처	중생부지각
還來置本處호대	**衆生不知覺**이로다

보살이일체	종종장엄찰
菩薩以一切	**種種莊嚴刹**로

치어일모공	진실실영견
置於一毛孔하야	**眞實悉令見**하며

부이일모공	보납일체해
復以一毛孔으로	**普納一切海**호대

대해무증감	중생불요해
大海無增減하고	**衆生不嬈害**로다

손바닥에 한량없는 세계를 지니고
두루 다녀도 몸에 피로함이 없으며
돌아와 본래의 처소에 두어도
중생들은 알지 못하도다.

보살이 일체
갖가지로 장엄한 세계를
한 모공에 두고
진실을 모두 보게 하도다.

다시 한 모공에
널리 일체 바다를 넣어도
큰 바다는 늘지도 줄지도 않고
중생들도 방해되지 않도다.

무량철위산	수집쇄위진
無量鐵圍山을	**手執碎爲塵**하야
일진하일찰	진차제진수
一塵下一刹하야	**盡此諸塵數**하고

이차제진찰	부갱말위진
以此諸塵刹로	**復更抹爲塵**이라도
여시진가지	보살지난량
如是塵可知어니와	**菩薩智難量**이로다

어일모공중	방무량광명
於一毛孔中에	**放無量光明**하야
일월성수광	마니주화광
日月星宿光과	**摩尼珠火光**과

한량없는 철위산을
손에 쥐고 부수어 티끌로 만들고
한 티끌을 한 세계에 떨어뜨려
이 모든 티끌 수를 다하고

이 모든 티끌 세계를
다시 또 가루내어 티끌을 만들더라도
이와 같은 티끌은 알 수 있지만
보살의 지혜는 헤아리기 어렵도다.

한 모공 속에서
한량없는 광명을 놓아
해와 달과 별들의 빛과
마니주의 불빛과

급이제천광
及以諸天光을

일체개영폐
一切皆映蔽하야

멸제악도고
滅諸惡道苦하고

위설무상법
爲說無上法이로다

일체제세간
一切諸世間의

종종차별음
種種差別音을

보살이일음
菩薩以一音으로

일체개능연
一切皆能演하나니

결정분별설
決定分別說이

일체제불법
一切諸佛法하야

보사제군생
普使諸羣生으로

문지대환희
聞之大歡喜로다

그리고 모든 하늘의 광명까지
일체를 다 덮어 가리며
모든 악도의 고통을 없애고
위하여 위없는 법문을 설하도다.

일체 모든 세간의
갖가지 차별한 음성을
보살이 한 음성으로
일체를 다 능히 연설하니

결정코 분별하여
일체 모든 부처님 법을 설하여
널리 모든 중생들이
듣고 크게 환희하게 하도다.

과거일체겁 안치미래금
過去一切劫을 **安置未來今**하며

미래현재겁 회치과거세
未來現在劫을 **迴置過去世**로다

시현무량찰 소연급성주
示現無量刹의 **燒然及成住**하야

일체제세간 실재일모공
一切諸世間이 **悉在一毛孔**이로다

거래급현재 일체시방불
去來及現在의 **一切十方佛**이

미불어신중 분명이현현
靡不於身中에 **分明而顯現**이로다

과거의 일체 겁을
미래와 현재에 편안히 두고
미래와 현재의 겁을
과거의 세상에 돌려 두도다.

한량없는 세계가
불타고 이루어지고 머무름과
일체 모든 세간이
모두 한 모공에 있음을 나타내 보이도다.

과거와 미래와 현재의
일체 시방 부처님께서
몸 가운데 분명하게
나타나시지 않음이 없도다.

심지변화법
深知變化法하고

선응중생심
善應衆生心하야

시현종종신
示現種種身호대

이개무소착
而皆無所著이로다

혹현어육취
或現於六趣의

일체중생신
一切衆生身과

범석호세신
梵釋護世身과

제천인중신
諸天人衆身과

성문연각신
聲聞緣覺身과

제불여래신
諸佛如來身하며

혹현보살신
或現菩薩身하야

수행일체지
修行一切智하며

변화하는 법을 깊이 알고
중생 마음에 잘 응하며
갖가지 몸을 나타내 보이지만
모두 집착하는 바가 없도다.

혹은 여섯 갈래의
일체 중생의 몸과
범천과 제석과 호세사천왕의 몸과
모든 천신과 인간 무리의 몸과

성문과 연각의 몸과
모든 부처님 여래의 몸을 나타내며
혹은 보살의 몸을 나타내어
일체지를 닦아 행하며

선입연중상
善入輭中上인

중생제상망
衆生諸想網하며

시현성보리
示現成菩提와

급이제불찰
及以諸佛刹하며

요지제상망
了知諸想網하야

어상득자재
於想得自在하고

시수보살행
示修菩薩行하는

일체방편사
一切方便事로다

시현여시등
示現如是等

광대제신변
廣大諸神變하니

여시제경계
如是諸境界를

거세막능지
擧世莫能知로다

하·중·상 중생들의
모든 생각의 그물에 잘 들어가
보리를 이룸과
모든 부처님 세계를 나타내 보이며

모든 생각의 그물을 밝게 알아서
생각에 자재함을 얻고
보살의 행을 닦는
일체 방편의 일을 보이도다.

이와 같은 등
광대한 모든 신통 변화를 나타내 보이니
이와 같은 모든 경계를
온 세상은 능히 알지 못하도다.

수현무소현
雖現無所現하야

구경전증상
究竟轉增上이라

수순중생심
隨順衆生心하야

영행진실도
令行眞實道하니

신어급여심
身語及與心이

평등여허공
平等如虛空이로다

정계위도향
淨戒爲塗香하고

중행위의복
衆行爲衣服하며

법증엄정계
法繒嚴淨髻하고

일체지마니
一切智摩尼로다

비록 나타내어도 나타낸 바가 없고
끝까지 점점 더 늘어나
중생들의 마음을 따라서
진실한 도를 행하게 하니

몸과 말과 더불어 마음이
평등하기가 허공과 같도다.

청정한 계는 바르는 향이 되고
온갖 행은 의복이 되며
법의 비단은 깨끗이 장엄한 상투이며
일체 지혜는 마니보배로다.

공덕미부주
功德靡不周하야

관정승왕위
灌頂昇王位하니

바라밀위륜
波羅蜜爲輪하고

제통이위상
諸通以爲象하며

신족이위마
神足以爲馬하고

지혜위명주
智慧爲明珠하며

묘행위채녀
妙行爲采女하고

사섭주장신
四攝主藏臣하며

방편위주병
方便爲主兵하고

보살전륜왕
菩薩轉輪王이며

삼매위성곽
三昧爲城郭하고

공적위궁전
空寂爲宮殿하며

공덕이 두루하지 않음이 없어서
관정으로 왕위에 오르니
바라밀은 바퀴가 되고
모든 신통은 코끼리가 되며

신족은 말이 되고
지혜는 밝은 구슬이 되며
미묘한 행은 채녀가 되고
사섭법은 창고를 주관하는 신하이며

방편으로 병사를 주관하고
보살은 전륜성왕이라
삼매는 성곽이 되고
공적함은 궁전이 되도다.

자갑지혜검
慈甲智慧劒이요

염궁명리전
念弓明利箭이며

고장신력개
高張神力蓋하고

형건지혜당
逈建智慧幢하며

인력부동요
忍力不動搖하야

직파마왕군
直破魔王軍하며

총지위평지
總持爲平地하고

중행위하수
衆行爲河水하며

정지위용천
淨智爲涌泉하고

묘혜작수림
妙慧作樹林하며

공위징정지
空爲澄淨池요

각분함담화
覺分菡萏華며

자비는 갑옷이고 지혜는 칼이며
생각은 활이고 밝고 날카로움은 화살이며
위신력의 일산을 높이 펼치고
지혜 당기를 우뚝 세우며

참는 힘은 흔들림이 없어서
곧바로 마왕의 군대를 깨뜨리며
총지는 평지가 되고
온갖 행은 강물이 되며

맑은 지혜는 솟아나는 샘물이 되고
미묘한 지혜는 우거진 나무 숲이 되며
공함은 맑고 깨끗한 연못이 되고
깨달음 부분은 연꽃을 피움이라

신력자장엄
神力自莊嚴하고

삼매상오락
三昧常娛樂하며

사유위채녀
思惟爲采女하고

감로위미식
甘露爲美食하며

해탈미위장
解脫味爲漿하고

유희어삼승
遊戲於三乘이로다

차제보살행
此諸菩薩行이

미묘전증상
微妙轉增上하야

무량겁수행
無量劫修行호대

기심불염족
其心不厭足이로다

위신력으로 스스로 장엄하고
삼매를 항상 즐기며
사유는 채녀가 되고
감로는 맛있는 음식이 되며

해탈의 맛은 마실 것이 되어
삼승에 유희하도다.

이 모든 보살의 행이
미묘하고 점점 더 늘어나
한량없는 겁에 수행하여도
그 마음은 만족해 싫어하지 않도다.

공양일체불
供養一切佛하고

엄정일체찰
嚴淨一切刹하야

보령일체중
普令一切衆으로

안주일체지
安住一切智로다

일체찰미진
一切刹微塵도

실가지기수
悉可知其數며

일체허공계
一切虛空界도

일사가탁량
一沙可度量이며

일체중생심
一切衆生心도

염념가수지
念念可數知어니와

불자제공덕
佛子諸功德은

설지불가진
說之不可盡이로다

일체 부처님께 공양올리고
일체 세계를 깨끗이 장엄하여
널리 일체 중생으로 하여금
일체지에 편안히 머무르게 하도다.

일체 세계의 미진도
모두 그 수효를 알 수 있고
일체 허공계와
모래 한 알까지 헤아릴 수 있으며

일체 중생의 마음도
생각생각 세어 알 수 있으나
불자의 모든 공덕은
말하여 다할 수 없도다.

욕구차공덕 　　　　　급제상묘법
欲具此功德과　　　**及諸上妙法**하며

욕사제중생　　　　　이고상안락
欲使諸衆生으로　　**離苦常安樂**하며

욕령신어의　　　　　실여제불등
欲令身語意로　　　**悉與諸佛等**인댄

응발금강심　　　　　학차공덕행
應發金剛心하야　　**學此功德行**이어다

〈大方廣佛華嚴經 卷第五十九〉

이 공덕과 모든 가장 미묘한 법을

갖추고자 하며

모든 중생들로 하여금

괴로움 여의고 항상 안락케 하려 하며

몸과 말과 뜻으로 하여금

다 모든 부처님과 더불어 같게 하려면

마땅히 금강의 마음을 내어

이 공덕행을 배울지어다.

〈대방광불화엄경 제59권〉

大方廣佛華嚴經 — 부록

・

대방광불화엄경 목차

・

간행사

대방광불화엄경
목차

〈제1회〉

제1권	제1품	세주묘엄품 [1]
제2권	제1품	세주묘엄품 [2]
제3권	제1품	세주묘엄품 [3]
제4권	제1품	세주묘엄품 [4]
제5권	제1품	세주묘엄품 [5]
제6권	제2품	여래현상품
제7권	제3품	보현삼매품
	제4품	세계성취품
제8권	제5품	화장세계품 [1]
제9권	제5품	화장세계품 [2]
제10권	제5품	화장세계품 [3]
제11권	제6품	비로자나품

〈제2회〉

제12권	제7품	여래명호품
	제8품	사성제품
제13권	제9품	광명각품
	제10품	보살문명품
제14권	제11품	정행품
	제12품	현수품 [1]
제15권	제12품	현수품 [2]

〈제3회〉

제16권	제13품	승수미산정품
	제14품	수미정상게찬품
	제15품	십주품
제17권	제16품	범행품
	제17품	초발심공덕품
제18권	제18품	명법품

〈제4회〉

제19권 제19품 승야마천궁품

　　　　　제20품 야마궁중게찬품

　　　　　제21품 십행품 [1]

제20권 제21품 십행품 [2]

제21권 제22품 십무진장품

〈제5회〉

제22권 제23품 승도솔천궁품

제23권 제24품 도솔궁중게찬품

　　　　　제25품 십회향품 [1]

제24권 제25품 십회향품 [2]

제25권 제25품 십회향품 [3]

제26권 제25품 십회향품 [4]

제27권 제25품 십회향품 [5]

제28권 제25품 십회향품 [6]

제29권 제25품 십회향품 [7]

제30권 제25품 십회향품 [8]

제31권 제25품 십회향품 [9]

제32권 제25품 십회향품 [10]

제33권 제25품 십회향품 [11]

〈제6회〉

제34권 제26품 십지품 [1]

제35권 제26품 십지품 [2]

제36권 제26품 십지품 [3]

제37권 제26품 십지품 [4]

제38권 제26품 십지품 [5]

제39권 제26품 십지품 [6]

〈제7회〉

제40권 제27품 십정품 [1]

제41권 제27품 십정품 [2]

제42권 제27품 십정품 [3]

제43권 제27품 십정품 [4]

제44권 제28품 십통품

　　　　　제29품 십인품

제45권 제30품 아승지품

　　　　　제31품 수량품

　　　　　제32품 제보살주처품

제46권 제33품 불부사의법품 [1]

제47권 제33품 불부사의법품 [2]

제48권	제34품	여래십신상해품		제63권	제39품	입법계품 [4]
	제35품	여래수호광명공덕품		제64권	제39품	입법계품 [5]
제49권	제36품	보현행품		제65권	제39품	입법계품 [6]
제50권	제37품	여래출현품 [1]		제66권	제39품	입법계품 [7]
제51권	제37품	여래출현품 [2]		제67권	제39품	입법계품 [8]
제52권	제37품	여래출현품 [3]		제68권	제39품	입법계품 [9]
				제69권	제39품	입법계품 [10]
〈제8회〉				제70권	제39품	입법계품 [11]
제53권	제38품	이세간품 [1]		제71권	제39품	입법계품 [12]
제54권	제38품	이세간품 [2]		제72권	제39품	입법계품 [13]
제55권	제38품	이세간품 [3]		제73권	제39품	입법계품 [14]
제56권	제38품	이세간품 [4]		제74권	제39품	입법계품 [15]
제57권	제38품	이세간품 [5]		제75권	제39품	입법계품 [16]
제58권	제38품	이세간품 [6]		제76권	제39품	입법계품 [17]
제59권	**제38품**	**이세간품 [7]**		제77권	제39품	입법계품 [18]
				제78권	제39품	입법계품 [19]
〈제9회〉				제79권	제39품	입법계품 [20]
제60권	제39품	입법계품 [1]		제80권	제39품	입법계품 [21]
제61권	제39품	입법계품 [2]				
제62권	제39품	입법계품 [3]				

간행사

  귀의삼보 하옵고,

  『대방광불화엄경』의 수지 독송과 유통을 발원하면서 수미정사 불전연구원에서 『독송본 한문·한글역 대방광불화엄경』과 『사경본 한글역 대방광불화엄경』을 편찬하여 간행하게 되었습니다.

  『화엄경』은 우리나라에 전래된 이래 일찍부터 사경되고 주석·강설되어 왔으며 근현대에 이르러서는 『화엄경』의 한글 번역과 연구도 부쩍 많이 이루어졌습니다. 그만큼 『화엄경』이 우리 불자님들의 신행과 해탈에 큰 의지처가 되었던 것임을 알 수 있습니다.

  『화엄경』을 독송하고 사경하는 공덕은 설법 공덕과 함께 크게 강조되어 왔습니다. 그리하여 수미정사 불전연구원에서도 『화엄경』(80권)을 독송하고 사경하는 데 도움이 되도록 한문 원문과 한글역을 함께 수록한 독송본과 한글역의 사경본 『화엄경』 간행불사를 발원하였습니다. 이 『화엄경』 간행불사에 뜻을 같이하여 적극 후원해주신 스님들과 재가 불자님들께 깊이 감사드립니다. 또한 『화엄경』을 수지 독송할 수 있도록 경책의 모습으로 장엄해 주신 편집위원들과 담앤북스 출판사 관계자들께도 고마움을 표합니다.

  끝으로 이 불사의 원만 회향으로 『화엄경』이 널리 유통되고, 온 법계에 부처님의 가피가 충만하시길 기원드립니다.

  나무 대방광불화엄경

불기 2564년 '부처님오신날'을 봉축하며
수미해주 합장

위태천신(동진보살)

수미해주 須彌海住

호거산 운문사에서 성관 스님을 은사로 출가, 석암 대화상을 계사로 사미니계 수계, 월하 전계사를 계사로 비구니계 수계, 계룡산 동학사 전문강원 졸업, 동국대학교 불교대학 및 동 대학원 졸업, 철학박사, 가산지관 대종사에게서 전강, 동국대학교 불교대학 교수, 동학승가대학 학장 및 화엄학림 학림장, 중앙승가대학교 법인이사 역임.
(현) 수미정사 주지, 동국대학교 명예교수.
저·역서로 『의상화엄사상사연구』, 『화엄의 세계』, 『정선 원효』, 『정선 화엄 1』, 『정선 지눌』, 『법계도기총수록』, 『해주스님의 법성게 강설』 등 다수.

독송본 한문·한글역
대방광불화엄경 제59권

| 초판 1쇄 발행_ 2025년 8월 24일

| 엮 은 이 _ 수미해주
| 엮 은 곳 _ 수미정사 불전연구원
| 편집위원_ 해주 수정 경진 선초 정천 석도 박보람 최원섭
| 편 집 보 _ 무이 무진 지욱 혜명

| 펴 낸 이 _ 오세룡
| 펴 낸 곳 _ 담앤북스
　　　　　　서울특별시 종로구 새문안로3길 23 경희궁의 아침 4단지 805호
　　　　　　대표전화 02)765-1251　전자우편 dhamenbooks@naver.com
　　　　　　출판등록 제300-2011-115호
| ISBN_ 979-11-6201-911-5 04220

이 책은 저작권 법에 따라 보호받는 저작물이므로 무단전재와 복제를 금합니다.
이 책 내용의 전부 또는 일부를 이용하려면 반드시 저작권자와 담앤북스의 서면 동의를 받아야 합니다.

정가 15,000원
ⓒ 수미해주 2025